JN118741

思春期ってオモシロイ！
歌って踊る養護教諭の“いのちの授業”
いのち
からだ
生きる
性
平和
佐藤 益美

はじめに

2014 年に大分で開催された“人間と性”教育研究協議会（性教協）の第33 回全国夏期セミナーは、10 人足らずの性教協・大分サークルの会員で開催されました。10 人という少人数でながらも全国から 400 人もの参加者が集まる大会を無事に終えることができた理由は「人との繋がり」があってのことでした。サークルのメンバーで大会運営のボランティアを募り、性と生の「学びを共有したい」という目的をもった多くの仲間たちが集い、大会が成り立ったことをいまでも鮮明に覚えています。

その中でも飛びぬけて、自分のネットワークで友人、知人、仲間を集めたのが佐藤益美さんでした。彼女の居場所は多岐にわたり、人が人として当たり前に生きていくことを学び、身近な人に魅力的に発信することのできる人でした。私たちが判断に迷った時やもっとたくさんの情報が欲しい時には、助けになる人を紹介してくれました。そして、子どもたちのこと、学校のこと、人権のことを語り合っているときには「それはね…」と違う視点、切り口や発想で話をし、私たちの学びを広げてくれました。

彼女は、どこに学びに行く時もいつも同じノートを持ち、ワクワクするイラスト（風景、食事、講師の似顔絵など）自分が体験し、感動したことを事細かくメモに取り、スケッチで描いていました。性教協の全国夏期セミナー、海外への性教育のスタディツアー、アジア環太平洋地区の AIDS 国際会議にもいつもそのノートと一緒でした。私は心の中で「きっと面白い本ができる！」と期待をしていましたが、たまる一方の原稿を仲間にチェックを入れてもらったりしている間に、彼女自身がこの世を去ってしまいました。

ずっと宙に浮いたままではと、仲間たちと話し合い、性教協が企画編集をしている『季刊セクシュアリティ』を発行しているエイデル研究所から、2023年の3回忌にみなさんにお披露目できることになりました。

本書は「講演録」「実践記録」、彼女の代名詞でもある人と人とをつなげることができる「ほけんだより」「エッセイ」で構成されています。サブタイトルにある「歌って踊る養護教諭」(ここの説明は本文に譲ります)が人生をかけてとりくんだ子どもたち、学校、そして社会に「いのち」や「人権」を大切にしてほしいという想いに溢れたメッセージを是非、受けとめてください。そして、あなたの興味をひくところは活用していただき、彼女の「いのちのバトン」を繋げてほしいと心から願っています。

三浦多佳子

(性教協・大分サークル会員/大分県公立中学校養護教諭)

著者プロフィール

佐藤益美
（さとう ますみ）

“人間と性”教育研究協議会大分サークル代表。

1959 年 8 月生まれ。父親の勧めで養護教諭を志す。1982 年（旧）宇目町立重岡中学校に採用される。1986 年に郷里の大分市に戻り、主にマンモス校（中学校）に勤務する。養護教諭として、子どもたち（保護者、教員たち）にエイズ、ハンセン病、原発問題などの社会問題、人権の保障、「差別を知る」ことを啓発し続けた。自ら作詞作曲、歌唱を通していのちの大切さを伝える様子から、「歌って踊る養護教諭」と呼ばれ、子どもや保護者から親しまれてきた。

2020 年、養護教諭として 38 年間勤め定年退職する（最後の勤務校は小学校）。2021 年 3 月、61 歳の生涯を終える。

「性のことを学ぶっちいうのは心を生かすこと」38年間にわたり、いのちの大切さをを発信し続けた。

その原動力は、いのちの大切さを教えてくれた多くの「出会い」だった。

2018年12月、がんサバイバーのホノルルマラソンツアーに参加し、42.195kmのフルマラソンを完走。

「次は10kmにしよう。今度は楽しんで走ろう」と笑った。

Let's Go!

目次

エッセイ

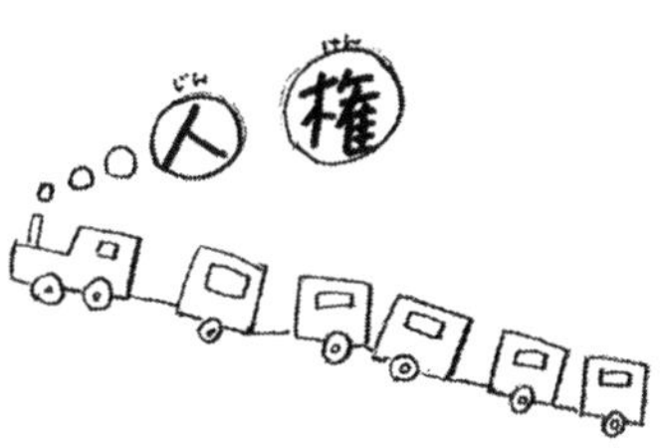

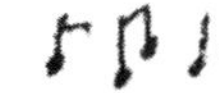

第1部
実践記録

講演録
性を「伝える」ことは「学ぶ」こと

♪♫♩♪♫♩♪♫♩♪♫♩♪♫♩♪♫♩♪♫♩♪♫♩

＊本原稿は、2014 年 8 月 9 日に開催された、“人間と性” 教育研究協議会の全国夏期セミナー（大分大会）での「トーク＆トーク」での講演録をもとに大幅に加筆修正しました。

性教育を根っこに、性を語れる養護教諭になりたい

みなさんこんにちは。養護教諭の佐藤益美です。私は学校では「歌って踊る養護教諭」と呼ばれています。まず「さとうますみの歌」をお聞きください。

♪　さとうますみの歌　　　　　　虎井まさ衛 作詞／佐藤益美 作曲

ⓢあ顔あげて
ⓣおくを見つめて
ⓤんは自分でつかむもの
ⓜよわず、すすんで行こう
ⓢばらしき
ⓜらい信じて
♪

私は、現在小学校の養護教諭をしています。大分市内で５校ほど中学校を回って「次も中学校かな？」と思っていたら小学校での勤務となり、戸惑っている

自分がいます（笑）。でも、1学期（2014年8月の講演）が過ぎて、小学校でもいっぱいやれることがあるなと思っています。

私が養護教諭になって、早い段階で広島の河野美代子先生（産婦人科医）や安達倭雅子先生（電話相談員）の話を聞く機会があって、私はどういう養護教諭になりたいかと思ったときに「性教育を根っこに、性を語れる養護教諭になりたいな」と思いました。

「猫とは喋るけど人間とは喋らん」

実は、私は小学生の頃は緘黙児で全然喋りませんでした。それこそ、「はい」も「は」も「へ」もなんにも言わない子で…、小学校2年のときの担任の先生が私の声を「聞いたことがない」と言うくらいでした。

その先生と高校2年のときに街でばったり会ったので「先生こんにちは」と声をかけたら先生は私の手を握って「良かったね、喋れるようになって！」と言うくらい、本当に喋る印象がなかったようです。

タマという猫がいて、猫とはよく喋っていて、タマに「ニャー」と言うくらいなんですけど、後ろで父が「猫とは喋るけど人間とは喋らん」と言ったのが、私は子ども心にずっと覚えています。それくらい喋りませんでした。

私が養護教諭になるって決めたときに母がかなり心配しました。喋らない子どもが教員になっていいのかと、かなり心配したようです。母は今「人って変われるものね」と。

溢れた情報に振り回される生徒たち

私は、初任地から2校は佐伯市でしたが、大分市内に異動して、最初の中学校の生徒数は1400人超でした。本当に私も「1400名も、どうしよう…」と思うくらいで、冬になってインフルエンザの時期には、午前中だけでも（保健室の来室が）100 名を超えて、対応していました。

その次に異動した学校が 1000 名くらいでしたが、1400 名を経験した私にとっては「1400 名よりはいいよな」と思えるようになっていました。当時、私は性のこととか、いのちのこととかを語りたいという想いは持ちながらも、正直、余裕がなくてできなかった自分がいたなと思います。

そんな日々を送っていた中で、思春期の子どもたちはどんどん色んな情報に惑わされながら、社会に溢れる性情報に翻弄されていきます。私は、テレクラ（テレフォンクラブ・備え付けの電話を介し、女性と会話することを斡旋する店）の仕組みは子どもから教えてもらいましたし、大分県内のいろんなラブホテルの場所や情報、「こうやって入って、お金はどうやって払う」など、その 1400 名超えた中学校の生徒たちに教えてもらいました。

私はそのときに「なんか、おかしい」って思いました。当たり前に学校に来て学ぶっていうことや生徒たちの生活がもの凄く、振り回されている感じがしました。それこそ「人権」が全然守られていないと思いました。

子どもたちに伝えたい「出会い」

その日々の中で「私にできることは何なんだろう」と悩み、養護教諭として日々の保健室経営を一生懸命にやるだけでいいのだろうかと考えるようになりました。テレクラもいい人ばかりじゃない、お金をくれない人もいたり、頬に傷がある人に出会って、売り飛ばされる寸前になったり、そういう子どもたちと毎日関わりながら本当にこんなことでいいのかと。

そんな時に草伏村生さんの『冬の銀河―エイズと闘うある血友病患者の訴え』（不知火書房）という本に出会い、「エイズと人権を考える会」という徳田靖之弁護士と草伏さんが立ち上げた会に通うようになりました。その会で学んだことをきっかけとなり、色々な学びの場に参加するようになり、今に至ります。

20 数年前（2014 年当時）に草伏さんの『冬の銀河』に出会い、小学生時

代「喋らなかったワタシ」が「教室に行って、子どもたちに向けて話そう！」と思ったのはこれからの時代を生きる子どもたちには、生きることや人の権利をしっかりと伝えたいと思ったからです。

ただ、想いだけで伝えていたので教室に行って話したときに生徒から言われました「へたくそ」って（笑）。自分でも上手ではないと分かってはいましたが、さすがに面と向かって子どもたちから言われるとへこみますよね。でもそれで「ダメだ。できない…」と終わっていたら、それで終わっていたと思います。

ある時、生徒が「でもな、保健の先生がわざわざ教室まで来てエイズのこと伝えたいっていう先生の気持ちは伝わってきたで」と言ってくれました。うまい、へたではなく、「この人は自分たちに何を伝えたいのか」を持っていかないと、子どもたちは見抜くのだとそのときに思いました。

「先生と出会っていろいろ学んだから、そう考えるようになった…」

また、子どもたちは教えれば教えるほど変わります。そして、私自身が逆に教えられることも沢山ありました。当時を思い出すと私もよくそんなやんちゃな生徒たちばかりと関わっていたと思いますが、全校 1400 名超で 36 クラスある学校での話です。

各教室を回っているとシンナーの臭いがひどかったり、自分を主張したくてガングロ（頭髪を金やオレンジ色などに脱色し、化粧などで肌を黒くするスタイル）をするんだろうけど、みんな同じ顔に見えちゃってね（笑）「だれ？」みたいな感じで。その子たちもたまにしか学校に来なくって、でも保健室に顔を出して。

ある日、私が性教育の資料や教材を並べていたら数名の女子生徒たちがやってきて、「これ、なんしよんの？」と聞かれました。

私　「教室に行ってな、こういうこと話すんで」

生徒「え！学校に来ちょん人は、こういうことみんな習うんかえ！」

私　「そらそうじゃあ」

生徒「自分たちも習いてぇ。けどこの格好じゃあ教室に行かれん」

私　「そりゃそうやなあ…じゃあ、保健室おいで。保健室来たら、いっぱい話そうな」

それから月に数回、保健室で彼女たちと性について話すようになりました。

生徒「先生、なにも考えなかったらな、セックスしても病気はもらわん。根拠はないけど自分は妊娠はせんと思いよった。でも自分だって妊娠するかもしれんし、病気になるかもしれん。先生と出会っていろいろ学んだら、そう考えるようになった…」

この言葉を聞いて、子どもに教えられたと思いました。私が伝えたことをこういう理解で受けとめてくれるから、余計にきちんと伝えたいなと思いました。

以前、中学生どうしの妊娠に関わった時は、性についてしっかりと教えることができていなかったことを深く反省しました。

子どもたちは本当に学べば学ぶほど「もっと知りたい。もっと教えて」と。私も教室でばんばん喋るので、本当に子どもは「そのくらい、はっきり言ってくれたほうがいいんで」とか言って、ちょっと荒れた学校に行ったら保健室での会話は「中学でせん（性交を）と､おせえよなー」みたいなことは平気で言っていました。でも、そうではないことをいろんな場面で話していくと、子どもたちは言動も、コミュニケーションも本当に変わっていくことを私自身、いっぱい教えられました。だから、ほけんだよりも、性教育の実践も、そういった１つ１つの学び、喜び、感動が地層のように積み重なって今があると思っています。

いのちの授業をする盟友・山田泉ちゃん

養護教諭仲間だった山田泉ちゃん（大分・豊後高田市出身の養護教諭）とは、20数年前「エイズと人権を考える会」で出会いました。当時は彼女のことは全然知りませんでした。彼女は、本能で動くというか勘で動くというか、当時も学習会で草伏さんが講演をされていて、会場に「質問ありませんか」って言ったら「はい！」って手を挙げて「当事者にそんなこと聞かんよなぁ」と思うことを泉ちゃんは普通に聞いていました。そのときに「あ、この人とは友だちにはならん」って（笑）。

でも、その会に行くといつも顔を合わせていたので、しばらくして、ツツツーと向こうからやって来て「おんなじにおいがする！」と。ぜんぜん違うけん！（笑）とお付き合いが始まりました。

本当に泉ちゃんが行動をしてきたことは、いつもすごいなって思っていました。それこそハンセン病に関しても宿泊拒否問題が会ったときは、抗議文をちゃんと送っていますし、当時の小泉首相にも子どもたちと手紙を送っていて、その返事が来たりしていました。

本当に彼女は人権を軸に様々なことにとりくんでいた養護教諭だと思っています。泉ちゃんが亡くなったときは、どうしていいかわからなくなりましたが、自分にできることとして、泉ちゃんへの想い込めた歌をつくりました。「ありがとう」聞いてください。

♪　ありがとう　　　　佐藤益美 作詞／作曲

忘れないよ　あなたの笑顔　あなたの思いをいつまでも
ともに笑いともに泣いた仲間じゃないか
あなたの足元にもおよばないが自分の道を歩くよ
生きることのすばらしさ　いのちの大切さ
人の優しさ　ぬくもりを　伝えていくね

あなたに会えてよかった　またいつか会いたいよ
きっとまた会えるよね
ありがとう 泉ちゃん
♪

人生を通して、子どもたちに伝える

私は 10 代のときに、性を学んできませんでした。性を学ぶことによって「自分は自分でいい！」と思えるようになり、喋らなかった自分も、歌っている自分も、全ての部分で生きていくのが楽になったと感じています。だから、性や人権を学び、私の人生を通して、子どもたちに伝えていきたいと思っています。

私も 30 年近く子どもたちに語ってきて何が良かったか、相談できる関係がすごくいいなって思ったので、大人が声をかけるっていうことでいろんな相談できる人が増えていくといいなと私は思っています。そして何よりも、学ぶところは当事者からかなって思います。

共に生きるために何ができるかを考え続ける

竪山勲さん（ハンセン病の回復者の方）は、前の学校もその前の学校でも講演に来てもらいました。子どもたちには「私が 100 回喋るよりは、絶対本人の口から聞いたほうがいい」と思っています。

泉ちゃんの歌を作ったときに竪山さんが「いいなぁ、その人の歌があって」と話されました。だから私「竪山さんの歌も作りますよ」って言いましたが、13 歳で療養所に行った竪山さんのことを、なかなかどう伝えたらいいのだろうと悩み、なかなか歌詞が書けませんでした。「ともに」っていうのは、竪山さんは友だちだと思っていますし、共に歩いていきたいなと思って「ともに」という歌を書きました。最後になりますが、披露したいと思います。

♪　ともに　　　　　　　　　　　　　　　　　　　　　　　佐藤益美 作詞／作曲

やさしい笑顔の瞳の中に　悲しみと怒りが見えた
かぞえ切れない程の苦しみつらさ　どれだけのものだったのだろう
そんな日々を乗り越えて　今、まっすぐ前を見つめてる
父ちゃんの涙を支えに　まっすぐ歩いてる
二度と同じあやまちをくり返さないために
私たちに何ができるだろう
いのちの重さ　人が人として生きる意味をしっかり受け止めて
その思いに寄り添いながら　手を携えて　ともに歩もう
いのちの重さ　人が人として生きる意味をしっかり受け止めて
その思いに寄り添いながら　手を携えて　ともに歩もう
ともに生きてゆこう　生きてゆこう
♪

本日は、ありがとうございました。

「いのちの授業 実践記録」について

実践者（佐藤益美）は、長年にわたって「いのち」や「人権」について考える授業実践にとりくんできました。ここではそれらを「いのちの授業」と称し、数多くある実践の中から、実践者本人が「いつか本に記したい」と書き起こしたものを本書に掲載しました。

本実践記録は、授業の再現性（この記録を見て忠実に再現すれば性教育ができる）を追求した記録ではありません。このいのちの授業において、子どもへの伝え方、関わり方、性教育への独自のアプローチを記録しています。中には実践者の代名詞でもある、自作の曲も含まれています。

実践者と生徒たちの織り成すやり取り、そして授業で登場する様々な「人との出会い」を読んでいただき、実践者が試みた、多様な人と出会わせる「いのちの授業」の真髄を受け取っていただければと思います。

なお、実践記録の中には、20 数年前に実施された内容が含まれ、一部、現在とは認識が異なる表現や内容が含まれている箇所もありますが、それらも含めて、「当時の実践記録」として大きな改変を加えず掲載しました。

いのちの授業１
いのちを見つめて
中学１年生１学期

授業にこめた思い

あるクラスの授業中、親はみんな「誕生」の歌詞のように子どもを思っていると言ったとき、「でもな、先生、虐待して子どもを殺す親がおるけど、どうなん」と聞いた生徒がいました。私はドキッとしました。それも事実です。

きれい事を言っても生徒は見抜きます。生徒の質問に私なりに一生懸命答えました。話した中身は良かったかどうかわかりませんが、見過ごせない言葉だと思いました。

このいのちの授業は猿渡瞳さんの作文に出会って、この作文を生徒たちに伝えたい思いから始めました。私自身がこの授業を通して強く感じたことは「あなたたちが生まれてそこにいることこそがすばらしい」という実感をもたせることがとても大切だということです。

誰でも愛されたい、認められたいと思っているはずです。自分の存在を大事に思ってくれる人がいるというだけで、人は安心できると思います。そして、自分のことが大切にできるんです。自分のことが大切にできると他の人のことも大切にできると、私は信じています。

だから「誕生」という歌は生徒たちにとって、とても心地よいようで、保健室や廊下で私に会うと「リメンバー歌って」と何人からも言われます。これからも色んな角度から生徒たちに「いのち」のことを語っていきたいという思いは、ますます強くなるばかりです。

授業の様子

みなさんこんにちは！さて私は誰かわかるかな？

生徒「保健の先生！」

そうです。保健の先生です。佐藤益美と言います。2･3年生は『歌って踊る養護教諭』と言っています。うちの学校ね、佐藤先生ってとっても多いんです。だから私のことは益美だから「まーさん」と呼んでください。それでは皆さん、ご一緒に。

生徒「まーさん」

ありがとう。でも今､中に「ばーさん」といった人がいるでしょ？いやまぁ、いずれ私もばーさんになると思いますが…まだちょっと早いかなあ…。

さて､歌って踊る養護教諭ですから､まず歌を歌います。佐藤益美の歌です。折句になっているので、よく聞いてくださいね。

♪　さとうますみの歌　　　虎井まさ衛 作詞／佐藤益美 作曲

㋚あ顔あげて
㋣おくを見つめて
㋒んは自分でつかむもの
㋮よわず、すすんで行こう
㋜ばらしき
㋯らい信じて
♪

生徒（拍手）

ありがとうございました。では、黒板に私が大切にしている言葉を書きますので、みんなで読んでくださいね。＊黒板いっぱいに「人権」と書く。

生徒「でけぇ」「じんけん」

そう、じんけん。大切な言葉だから大きく書きました。人権って、どういうことだと思いますか？

生徒「人の権利」「人が生まれながらに持っている権利」

素晴らしい。「生まれながら」って出てきたね。すごい。辞書にはこんなふうにかいています。『生まれながらに人間が持っている生命・自由・名誉等に関する権利。基本的人権』私は「その人がその人らしく生きていく権利」というふうに解釈しています。どう、いい解釈でしょ？

私は、学校では保健の先生をしていますが、学校の外ではずっとこの人権に関わる活動をしています。薬害エイズ・薬害肝炎・ハンセン病・DV（ドメスティックバイオレンス）等です。

エイズって聞いたことあるかなぁ。そう、病気の名前だよね。でも、その前に薬の害って書いてあるよね。ある病気の治療のために使った薬にエイズウイルスが入っていて、エイズに感染させたれた人たちがいるんです。今は、その薬は使われていないんだけどね。病気になるって大変なことだよね。

では、ちょっとみなさんに聞きます。皆さんは生まれて何年ですか？

生徒「12年」「13年」

まだ誕生日がきてない人は12歳だね。では、生まれて今まで一度も病気をしたことがない、薬を飲んだことがないという人は手を挙げてください。

生徒（し〜ん）
「先生、誰もおらんやろ」

そうだね。では、これからみんな何年生きるかわからないけど、平均寿命といわれる80歳くらいまで生きたとして、僕は私は病気にならないという自信がある人。

生徒「そりゃ無理やろう」

クラスによっては1人2人くらい手を挙げる人もいます。まぁね、そうあってほしいと願うけど、なかなかそれは無理なことだろうね。

つまり、いつ誰が病気になって薬を使うかわからん。みんなだって病気になると薬を使う。つまり、いつ薬害にあうかわからないということですね。今まで生きた中でも、みんな病気をしている。とても重い病気になった人も、この中にはいるかもしれないね。病気になって、やっぱり大変だったでしょ。

この薬害エイズになった人たちは、病気だけでも大変だったのに、差別や偏見も受けたんです。私はみんなにそんなふうになってほしくない。差別する側にも、差別される側にも…。

だから正しく知ってほしい。みんなはラッキーだよ。うちの学校にいる間に、何回かエイズについて学習するよ。詳しくなって卒業できます。

さて次の薬害肝炎も一緒。治療のために使った薬に肝炎ウイルスが入っていて、感染させられたんです。ある人は、この病気がわかったとたん、会社から「来なくていい」と言われました。エイズも肝炎も日常生活の中ではうつらないのに…。

それからハンセン病。これも簡単にうつるわけでもないのに、療養所に強制的に入れられたんです。しかも壁で囲まれていたり島だったり。そして治っても、そこから出られない。名前を変えさせられたり、親に簡単に会えなかったりと、差別や偏見がとても多くありました。このハンセン病については2年生でまた詳しく学習します。

いのちは生まれないと、いのちになりません。誕生していのちになります。それでは、ここで中島みゆきさんの「誕生」という歌を紹介します。＊『誕生』を歌う♪

英語が出てきたね。「Welcome」はわかるかなぁ。

生徒「ようこそ」

そう、ようこそです。「♪生まれてくれてようこそ」だね。「remember」はどうかな？まだ習ってないかな。これはね「思い出す」とか「覚えてる」という意味です。

この歌を聴いてみなさんはどう思いましたか？

この歌は、私の一番下の子どもが５年生の時に音楽集会で歌った曲です。はじめ「誕生」という曲名から自分自身が生まれてきた時のことを歌っている曲かと思っちゃいました。でも、よくよく聴いているうちに、そうではなく、親が我が子へ「あなたたち生まれてくれてありがとう」と歌っているんだと私は思いました。「誕生」を一生懸命歌っている5年生になんかじーんときてね、いい歌だなって私は思ったんです。

その子も中学生になり、反抗期の真っ只中。すっかり生意気になって、何を言っても「はぁー」、何を注意しても「へー」、どうかしたら「ほー」、会話は「は」「へ」「ほ」。靴下もその辺に脱いだり、プリントをまとめて出したり。「こいつー」なんて思うこともあるよ。それでも、その子が生まれてきたときには、やっぱり私も「佐藤家にようこそ」ってすごく思いました。その気持ちは今でもあります。親のこころの中には、自分の子に「生まれてくれてウエルカム」という気持ちが常にあるんよ。

でも、中学生にもなってくると、なかなか本人に直接そんなこと言えません。私も言えません。だって、注意することも増えて、やっぱりそれはそのとき言いにくいでしょ。

（——そう話す私に「先生、うちの母ちゃんもそう思っちょん？」と聞いてくる生徒。「そう思っちょんに決まっちょんやん」という私の返答を聞いた生徒の表情がパァッと明るくなります。）

生まれたこの「いのち」ですが、行き着く先がありますよね。それは何ですか？

生徒「死」

そう、「死」です。誰もがいつか死を迎えます。いつかは、みんな死ぬんです。だからこそ、今生きている私たちにとって、この世に生まれてどう生きていくかということが大切なことなんです。

今から少し悲しい話をします。人によっては辛いかもしれません。もし気分が悪くなったら遠慮なく言ってください。退席してもかまいませんよ。

私には、がんと闘ってきた高校時代からの友だちがいます。１度目の手術は大成功で、職場にも復帰しました。そして「そろそろ５年経つね」と話していた頃に、肺に新たながんが見つかりました。その１年後には脳に転移していることがわかりました。

…あ、私ね、高校時代の友だちに呼ばれていたあだ名が「母ちゃん」なんよ。名前に全く「か」の字がないんだけどね。私、困ってるなって気付いたら、人の世話をすぐするんよ。いつも誰かになんかしよったんよね。そしたら周りにいた友だちが「なんかお母さんみたい」って言ってね、それからみんなから「母ちゃん」って呼ばれるようになったんです。

そのがんと闘ってきた友だちが「母ちゃん、私は必ず克服するから、そして職場復帰もするから、私のこと、がんと闘っていることを生徒たちに話してよ。生徒たちが卒業する頃には、完全に復活したよって手記を書くから」と言い再度治療し、つらい治療にもがんばっていました。

生徒たちは、「益美先生の友だちがんばれ」「応援しているよ」「絶対良くなるから」と励ましのメッセージを書いてくれました。それを友人に届けると、友人は体調がけっして良くないのに、自分のことよりもいつも私の心配をしていました。「母ちゃん、ご飯食べよる？」「忙しくて寝てないんやないの」「痩せた？」と声をかけてくれるんです。どんなに大変な状況になっても、友人は前向きな考えを捨てませんでした。「職場に戻ったら、これをこういうふうにしたい」「まだまだせんといけんことがある」「後輩に教えることがある」と語っていました。

しかし2006年９月、残念なことに、彼女は旅立っていきました。

もう１人、がんと闘った友人の話をします。同じ養護教諭の山田泉ちゃん。大分県の北の方で保健の先生をしていました。（本を持って）この『「いのちの授業」をもう一度』（高文研、2007年）という本を出版しました。図書室にもおいてあるので、読んだ人もいるかもしれないね。

泉ちゃんは2000年に乳がんが見つかりました。手術をして治療のために学校を休んだんだけど、その間に、おおいた乳がん患者会「オードリーの会」

を立ち上げました。さすが泉ちゃん。その行動力は「らしいな」って思ったよ。

2002年に学校に戻りました。でも、戻ったとき「辞めたい」って言いました。生徒の「バカ」「死ね」という言葉に傷ついたって。生きるか死ぬかという病気をして、それを聞いたときイヤだったって。私は元気だけど、バカとか死ねとか聞きたくないです。みなさんはどうですか。

泉ちゃんの生徒の中にもイヤという人がいて、「いのちの大切さが分かる授業をしてよ」と言いました。そして、自分の体験をもとに教頭先生たちと「いのちの授業」にとりくみました。けれど、2005年に再発。2回目って辛いのよね。本人はもっと辛かったと思います。また学校を休んで手術を受けました。

2006年、学校へ復帰して「いのちの授業」を始めたんだけど、2007年3月に退職しました。泉ちゃんから学校をやめるって聞いたとき、正直もっともっと続けてほしいって思いました。泉ちゃんのがんばりは、私にとっても、とても励みでした。泉ちゃんと同じことはできんけど、私もできることをやっていきたいと、いつも勇気や希望をもらっていました。

その5月、泉ちゃんのがんは再々発しました。わかったときはかなりショックでした。本人はもっともっと落ち込んでいたと思うけど「病気と向かい合いながら、自分のできることをやっていきたい。自分のペースで全国を講演して回るよ」って。私も県内はできる限り講演を聴きに行きました。東京にも行ったよ。2008年7月の名古屋が県外に行った最後かな。そのときはものすごくきつそうだったけど、伝えたい気持ちがとても響きました。

そして11月、泉ちゃんは旅立って行きました。

最初に話した友人も実は、いずみっていうの。お互い顔は知らないけどね。私を通して乳がんと闘っている「いずみ」がもう一人いるっていうことはわかっていたよ。泉ちゃんが亡くなって、4ヶ月後「山田泉を偲ぶ会」が行われました。私は泉ちゃんのことを思い、泉ちゃんのために、泉ちゃんの歌を作りました。

♪　ありがとう　　　　　　　　　　　　　　　　　　　　佐藤益美 作詞／作曲

忘れないよ　あなたの笑顔
あなたの思いをいつまでも
ともに笑い　ともに泣いた　仲間じゃないか
あなたの足元にもおよばないが
自分の道を歩くよ
生きることのすばらしさ　いのちの大切さ
人の優しさ　ぬくもりを伝えていくね
あなたに会えてよかった
またいつか会いたいよ
きっとまた会えるよね
ありがとう　泉ちゃん
♪

この歌を歌う度、泉ちゃんが見守っていると感じます。

さて、私は養護教諭になってずいぶん経ちます。楽しいこと嬉しいことがいっぱいありました。でも悲しいこと辛いこともありました。私が関わった中で、残念なことに 10 代で亡くなっていった子どもが、すでに 20 人以上います。病気や事故で旅立って行きました。どの生徒たちも、もっともっと生きたかっただろうと思います。その中の 1 人、K さんの話をします。

2 年生の 2 学期始業式の翌日、K さんは病気が悪化して入院しました。しばらく続くので気になった私は、学校の帰りに病院へ行きました。K さんは私の顔を見て嬉しそうにしていました。しばらく話して「そろそろ帰るね。また来るよ」と言ったとき、K さんが私の手を握って「先生、帰らんで。帰ったら、もう会えんかもしれん」と言い出しました。学校では弱音を吐いたことがなかったので、びっくりしました。私は「何言いよんの。また会えるよ。また来るけん。でも今日はもうちょっとおる」と答えました。しばらく話して「またね」と言いました。「うん」本当にそれが最後になりました。数日後Kさんは旅立って行きました。中学２年生でした。

最後に紹介する人も中学生です。福岡の猿渡瞳さんです。

小学校６年生のとき、骨肉腫という骨のがんになりました。その猿渡瞳さんの闘病のことを書いた「命を見つめて」という作文があります。この作文は、全国作文大会で優秀賞をもらっています。24時間テレビにも紹介され『瞳スーパーデラックス』（西日本新聞社、2005年）という本にもなっているので、知っている人もいると思います。とにかく素晴らしい作文です。本人が弁論大会でスピーチしているCDがあるので、聞いてください。＊CD（「命を見つめて」）を流す。

この作文を聞いてどう思いましたか？瞳さんのメッセージを受けとめたものとして、しっかり考えてほしいなと思っています。

では、終わりにもう１曲歌います。いっこく堂さんって知っていますか？

生徒「知っちょん」「腹話術する人や」

そうです。いっこく堂さんは沖縄の人です。中学のとき、いじめにあいました。学校へ行くと、同級生がみんな無視します。みなさんは、そんな学校どうですか？

生徒「行きたくない」

そうだよね。いっこく堂さんも実は死んだ方がいいのかなと思ったそうです。でも母を悲しませたくないという思いと役者になりたいという夢を見つけたことで乗り越えました。そして子どもたちに生きることの大切さ、いじめに負けるなというメッセージを込めて「生きてるだけで それだけで」という歌を作りました。それでは最後に聞いてください。＊「生きてるだけで それだけで」を歌う♪

生徒の感想

○「いのちの授業」とっても楽しくて、いろいろなことを学ばせていただきました。HIV･エイズのことからがんのことまで「生きる」ということと「いのち」ということが､とても大切に感じました。特に、猿渡瞳さんの「命を見つめて」の作文では、もっと暗い感じかなぁと思ったら、とてもはきはきしていて、明るい感じですごいと思いました。ぼくは今まで、そんな重い病気にかかっていないので、重い病気にかかっている人の気持ちは100%はわからないけど、わかろうとは思いました。その理由は、先生の話の中で、差別する人がいると聞いたからです。そんな人たちは全く相手の気持ちを理解していないと思いました。差別された人たちは、どんだけ、悲しい気持ちになっているか…僕もむなしくなりました。それを考えたうえで、改めて考えました。僕は人に「死ね」や「消えろ」等、最悪な言葉を言ったことがあります。何も考えずに言っていたけど、相手はとてもイヤな思いをしたと思います。この「いのちの授業」を受けて、僕も反省しました。それに、ニュースや新聞でも悲惨な事件がたくさん起きています。無差別殺人事件など、聞いたり見たりするだけでイヤな思いになります。だから僕は絶対にそういうことをしてはいけないと思ったし、殺された人たちの身内の人たちをかわいそうに思います。この「いのちの授業」は､とってもおもしろくて、楽しくていろいろなことを感じる授業だったので2学期･3学期の授業も､かなり楽しみにして待っています。ありがとうございました。

○「いのち」って普段生活しているだけではあまり深く考えず、過ごしていました。でも乳がんで亡くなった２人や骨肉腫と闘った猿渡さんのことを知り、いのちがあることは幸せなことなんだと思いました。偏見や差別、いじめなど人を苦しめ死に追いつめたり、悲しませたりすることを許すことはできないと深く感じました。「みんなと同じように生活したい」と思う気持ちもわかりました。みんなと同じことをして生きている実感が欲しかったのかと思いました。病気と闘う人に差別や偏見をする人ではなく、その人を応援してあげられる人になりたいと思いました。最後の命の作文で言っていた「今、生きていることが幸せ」ということを、いつも気に留めておけば、人をいじめることはなくなるのではと思いました。人は必ず死ぬけど、死ぬまでに自分にできることを精一杯することも大切だと思います。

いのちの授業 2
エイズについて知ろう

中学 1 年生 2 学期

授業にこめた思い

1992 年、知識も乏しい中、けっして上手とはいえないエイズについての授業を行った後、何人かの生徒にこう言われました。「先生、授業下手。」

が〜〜〜んです。自分自身でも自覚はしていましたが、こんなにはっきり言われるなんて。生徒は正直だと思いました。たぶん、この言葉で終わっていたら今までずっと授業は続いていなかったでしょう。

生徒はこうも言ってくれました。「でもな、保健の先生がわざわざ教室まで来て、エイズのことを伝えたいというその思いはすごいわかったで。伝わってきた。」ありがたいなって。一生懸命思いを込めれば伝わるんだ。でも反対にいい加減なことしてたら、きっとそれも見抜くんだろうな。そんな生徒たちに支えられながら、今までやってこれました。

この「エイズについて知ろう」は実は 3 年生にもう一度行います。3 年生にはこの続きがあります。今、感染経路の中で増えているのは、性行為感染。これから先、しっかり考えていかなかればいけないことと捉え、生徒に語っていきます。

私ははっきり言います。中学生が性行為をすることは早いと。もちろん、高校生でも早いと思っていると言います。これからこうしたいと夢や希望がある中で、もしかしたらそれを中断しないといけない状況になるかもしれない。それはことを起こして考えるんじゃなくて、起こす前に考えられる人になってほしいと考えていると。

そして「対等」ということについて考えさせます。「自分も大事、相手も大事」そのことを忘れず中学生らしい付き合いをしてほしい。

誰でも失敗や間違いはある。そのとき、子どもどうしで何とかしようと思わず大人に相談してください。私は子どもたちの性のトラブルが起こったとき、それはちゃんと教えてこなかった大人の責任だと思っています。これだけ情報が氾濫する中で、何が正しくて何が間違っているのか大人がきちんと教えていない、そのことが問題だと感じています。子どもを守るために、はっきりと教えるべきだと思っています。

授業の様子

生徒「今日も歌うん？」「歌っていいよ」

ありがとう。今日も歌うよ。今から歌う歌は私にとって、忘れられない想い出深い曲のひとつです。みんなが知っている曲だと思うよ。宮崎駿監督の映画『天空の城ラピュタ』の『君をのせて』です。どうしてこの歌を歌ったのかは後で説明するね。では聴いてください。＊「君をのせて」を歌う♪

さて、1992年、ちょっと前ですね、みんなが生まれる前だよ。私はある1冊の本に出会いました。

『冬の銀河』（不知火書房、1993年）大分県在住の薬害エイズの被害者、草伏村生さんが被害の実態を綴った本です。私はこれを読んでびっくりしました。病気というだけでも大変なのに、差別や偏見とも闘わなければいけない。これはおかしいって。日本で、しかも大分で起こったことだなんて。この現実を「今生きているみんなに伝えんといけん」と思ったんです。

前にも聞いたと思うけど、みんなは今まで生きてきて一度も病気したことがない、薬を飲んだことないという人いますか。いないよね。これからの人生を生きていく中で、病気をしない、薬を飲まないっていう自信のある人いますか。

生徒「先生、おらんやろ。」

そうだよね。そうあってほしいって誰もが思うけどそうはいかんのよね。だから誰がいつどんな病気になるかわからんのよね。

当時はね、エイズのことをまだみんなよく知らんやったんよ。先生たちはもちろん、世間もね…。ただマスコミは、怖い病気のイメージを植え付けるような報道をいっぱいしていた。その時の学校の生徒たちが生徒大会で、エイズのことや性のこと、ちゃんと教えてほしいと学校への要望を出してきたんです。周りの先生たちはちょっと不快そうな態度をした人もいたけど、私はすごく嬉しかった。正しい知識、差別や偏見の現実を伝えたいと思っていた私に『しなさい』と後押しされたようでした。

すぐに３年の学年長の先生に「クラスをまわってエイズのことを教えたい」とお願いしました。理解してくださって日程を組んでくれました。そのころは、あまり資料がなくてね。県の健康対策課とか保健所とかをまわって、パンフレットとかもらってとにかく勉強しました。今思うと恥ずかしくなるような下手な授業でしたが、生徒たちはみんな真剣に聴いてくれたんです。

生徒たちは学ぶとね、もっと知りたいとか前向きな考えを持ってくれるんだけど、先生たちには、なかなか理解してもらえない。職員研修でエイズの説明するとヤジが飛んでくるんだよ。「なんでこんなことするんか」「俺には関係ねぇ」とか。考えられんやろ。私も驚いたけど、何も言い返せんでもくもくと説明しよった。だって、その頃は今より20歳以上も若かったけん。今はそんなこと全くないよ。こうやって教室に行くことを、先生たちはみんな快く受け止めてくれているよ。

授業だけじゃ広がっていかない、どうしようかといろいろ考えていたときに思いついたんよ。そうだ、文化祭で劇したらみんなに伝わるんじゃないかって。だって、先生たちも保護者も地域の人たちもみんな見るじゃない。よし、「エイズに関する劇」をしようって。でもこれもまた大変だったのよ。そのときの教頭先生から「校長の許可をもらってしよんのか」「性行為という言葉がステージの上で発せられるのはいかがなものか」とか。長いときは１時間くらいお説教されていました。

でも、逆に、「よーし！絶対いいもの作っちゃる！」と気合が入って、台本を真剣に書いたよ。生徒たちも実にまじめに一生懸命とりくんでくれてね。劇は思った以上にすばらしい出来になったんです。終わってすぐ一番反対していた教頭先生が私のそばに寄ってきて「益美先生、すごく良かったですよ。来年もまたするでしょ。」と笑顔で言ってくださいました。若い先生も「先生良かったぁ。来年も期待しています。」って。えっ来年？１回ポッキリと思っていた私はちょっとびっくり。でも嬉しかったです。一番反対していた教頭先生がその後、一番の理解者になりました。

その１回目のエイズに関する劇の主人公が最後に登場してこう言うんです。「マジックジョンソンがこう言っている」。みんなマジックジョンソンって知ってる？アメリカのプロのバスケットの選手。エイズに感染して一度は選手から退いたんだけど、仲間の理解でまた戻ってプレーした人。主人公が真ん中に出て「マジックジョンソンがこう言っている」と言ったら出演者たちが両側から現れて一斉にこう言うんです。「マジックジョンソンがこう言っている。」「無知にストップをかけない限り、エイズにストップをかけることができない。」そのとき、この曲が流れるんです。「君をのせて」ジャジャーーーン…。

気がついたら、みんなの支えのおかげでエイズに関する劇は 20 年も続いています。今年も劇するからね。１年生にも参加している人いるよ。本当はこんなことしなくてもみんなが理解してくれたらいいんだけど、今だに差別や偏見はあるし、感染している人は増えている。だから今日は、エイズについて勉強していこうね。

マジックジョンソンが言っていた「無知」。これ、どういう意味？

生徒「知らないこと。」

そうだよね。この反対は？

生徒「知ること。」

そうだね。知ること、知識を持つことだよね。最初に紹介した『冬の銀河』の本ですが、そのことを一人芝居にして全国を回っている茅野明さんっているんだけどね。大分の久住に住んでるの。この前会ったなぁ。

生徒「先生、友だち？」

まあね。その茅野さんが、その芝居の中でエイズについての知識は３つあるって言っています。

１つめは「病気」についての知識。そうだよね。まず病気について知らないといけないよね。２つめは「HIV 陽性者の思い」についての知識。エイズウイルスに感染したら HIV 感染者って言うんだけど、私は出会いの中で感染者たちにも話を聞く機会がたくさんあって…。中には感染しているって言い方が嫌っていう人がいて、検査で「陽性」って言われたから、陽性者って呼ばれたいって。だから今日はあえて陽性者としました。

そして３つめは「ともに生きること」についての知識。今現在、感染している人はいます。大分にだっているんだよ。私たちが知らないだけで…。やっぱり感染しているってなかなか言えないんだよ。

生徒「なんで。」

もし自分だったらと考えてみて…。インフルエンザに感染したことは言えても、エイズに感染したって言うのは難しい。周りが理解してくれるのか、差別や偏見はないのかって思っちゃうよね。今、この現実にも感染者はどこかにいるんです。その人達とすでに、共に生きているんです。どうしたらその人たちが、その人たちらしく、何も心配なく生きていけるのか、周りの私たちが考えていかないといけんと思うんです。私たちだっていつどうなるかわからんし、感染するかもしれん。

だから正しく理解していかんといけん。ちゃんとわかると予防もできる。薬害エイズが問題になった20年近く前、ジャーナリストの櫻井よしこさんがこう言っています。「知るは愛なり」。愛って分かるよね。愛って何？

生徒「………」

答えるの難しいよね。以前、こう答えた生徒がいました。「相手を大切に思うこと。」どう？なんかステキでしょ。「知るは愛なり」「知ることは相手を大切に思うこと」。知ることで相手のことを大切にできるんなら、知ればいいんだよ。

ではまず、1つめの病気について、英語でね。

A cquired（後天性）
I mmuno（免疫）
D eficiency（不全）
S ymdrome（症候群）

というんです。日本語では「後天性」生まれた後から、「免疫」病気に対する抵抗力ね、「不全」それがなくなって、「症候群」いろんな症状が現れること。英語の頭文字をとってAIDSエイズっていうんです。エイズっていう病気はないんよね。免疫の力が弱まっていろんな病気になることがエイズなんよ。難しい英語とか覚えんでいいんで。

原因となるのは、これも英語でね。

H uman（ヒト）
I mmunodeficiency（免疫不全）
V irus（ウイルス）

といいます。日本語では「ヒト」「免疫不全」病気に対する抵抗力をなくす「ウイルス」これは人から人にしかうつらんのね。例えばネコもエイズになるんだけどネコ免疫不全ウイルスでうつるの。だからネコのウイルスは人にはうつりません。これも英語の頭文字をとってHIVといいます。つまりエイズウイルス。

エイズウイルスに感染するとHIV感染者っていいます。この時点では自覚症状はないんです。エイズウイルスの特徴は免疫システムをゆっくり破壊することです。10年くらいかけてAIDSを発症させるんだよ。いろんな症状が出てくると、エイズ患者とみなされます。早期発見、規則正しい生活をし、ストレスをためずしっかり栄養をとることで発症を遅らせることができます。検査は病院でもできるけど、保健所でもできます。病院はお金がかかるし、もちろん名前は言わんといけん。保健所は匿名でできるし、無料です。その日のうちに結果も分かるんよ。

感染経路、どうやってうつるかってことね。

3つあります。ひとつは血液でうつる血液感染。エイズウイルスが入っている血液が体の中に入ることでうつります。最初に話した薬害エイズ、薬の害でなったエイズですが、血液製剤という、人の血液で作った治療薬の中にエイズウイルスがいてエイズに感染させられました。今は安全に管理されていて、それでなることはないんだよ。輸血の血液は検査されていますが、ちょっと落とし穴があって、HIVに感染して3ヶ月ぐらいは検査しても分からないんです。

だからもしかしたらと思ってすぐ検査しても陰性って出るし、その間は献血は控えてくださいね。また、友だちがケガして血が出ても、けっして触らないでね。大量のときは大人を呼んでください。

感染経路の2つめは母子感染。言葉のとおり、お母さんから子どもへ。エイズウイルスは体の中の血液や母乳の中にたくさん存在するから、赤ちゃんを産む前にお母さんが感染していることが分かれば、自然分娩じゃなくて帝王切開ってお腹を切って産ませたり、母乳をあげなかったりして、感染するっていうリスクを、ずっと少なくすることができます。

あと１つは性行為感染。男性の精液・女性の膣分泌液の中にエイズウイルスが多く存在します。

感染経路は血液感染・母子感染・性行為感染の３つ。つまり、日常生活の中ではうつらないということ。

ある程度の量が体から体に入らないとうつらないんだよ。何故なら、エイズウイルスには弱点があるんです。水や空気、熱に弱いんだよ。水や空気、熱に触れるとエイズウイルスは死んじゃうんだよ。エイズという病気のこと、大体わかったかなぁ。

では２つめの「HIV 陽性者の思い」についてだよ。

私には HIV 陽性者（感染者）の友達が何人かいます。そのうちの１人、A 子さんについて話すね。エイズに関する劇の第 20 回公演のとき、彼女を題材にして台本を書いたんです。

彼女はね、すべての友人に感染した事実を話しているわけじゃないんです。だってどう反応するかわからないのに言えないじゃない？この人はわかってくれると思っても、告白するのはすごく勇気がいるって。もしかしたら、明日から口を聞いてくれないかもしれないでしょ。

A子さんはよくこんなふうに言っています。感染者がウソをつかなくていい世の中になってほしいって。具合が悪くなったとき、周りとか、入院したら同じ部屋の人がどうしたのって聞くでしょ。「私、エイズに感染しているの」って言いたいんだけど、やっぱり反応が心配で思わず「貧血なんです」とか「肝臓が悪いの」とかウソを言ってしまうって。そんなウソをつかなくてもいい世の中になってほしい。感染がわかっても今までどおり優しくしてほしいって言ってたよ。

最後に３つめの「ともに生きること」について。

ともに生きていくということはどういうことなのか…。こう考えたらどうだろう。「もし自分だったら」って。もし自分だったらどうしてほしいか、分かるよね。「今までどおりに接してほしい」そんなふうに思う人もいるよね。そうやって考えることが大事だと思うよ。

３つの知識、わかったかなぁ。

以前、薬害エイズが世間に広まったとき、医者自身が感染者たちを差別したんだ。明日から来ないでって言ったり、服の上から聴診器を当てたり…。医者だから病気の知識は私たち以上にたくさんあったと思う。でもそれって、２番め３番めの「思い」や「ともに生きていくこと」の知識がなかったからじゃないかって思うんです。

現在、エイズを治す薬はまだ開発されていないけれど、発症を遅らせる薬は開発されています。最初に紹介した「冬の銀河」の草伏村生さん、彼は1996年に亡くなりました。彼が今も生きていたら、いわゆる日本人の寿命といわれる歳まで生き続けられるだろうといわれています。もうエイズは慢性疾患のひとつといわれています。HIVに感染しても絶望的ではありませんが、感染しないで過ごせるなら、その方がいいですよね。

今日の授業で覚えておいてほしいことは「正しく知ること」。エイズについて、３つあったね。それと、「日常生活ではうつらない」、以上です。また３学期に来ます。

生徒の感想

○やっぱりエイズが「怖い」と言われているのは、病気のせいもあるかもしれないけど、その「怖い」は「差別と偏見」に対してではないかと感じました。周りが支えてくれるということが、どれだけ自分にとって力を与えてくれるのかわかった気がします。改めて「エイズ」という病気はテレビや新聞などを通したものじゃなく、身近なものなんだと思いました。だからこそ、1人ひとりがエイズについて学ぶことが大切だと思います。エイズだけじゃなく、何に対しても、知ることが第一歩だと思います。

○今日の授業をとおしてっていうわけじゃないけど、中学3年間、エイズのことを学習してきたからいえることだけど、自分の身近な人が「エイズに感染してるんだ」って僕に告白してきても「だから？」って返せる。別に悪い意味じゃなくて。気の利いた言葉は言えないと思うけど、僕は「偏見はないよ」って言えると思う。それも、中学校でこんなにもエイズのことを勉強した結果だと思います。これからの後輩にもこの授業は続けてほしい。知らないということは恐ろしいことだから。

いのちの授業 3
性ってなんだろう
中学 1 年生 3 学期

授業にこめた思い

この「性ってなんだろう」は 2000 年に始めました。生徒数 1000 人を超える学校で、保健室に来る生徒より来ない生徒のほうが多い。私自身をまず知ってもらわないと生徒は来にくいし、相談をしていい相手かどうかもわからないだろう。そして「性を学ぶことは大切」って分かれば、後で誰から習っても真剣に学ぶだろうし、きちんと知ろうって思うだろう。そう考えて授業を始めたんです。

大規模校も、案外いいんです。クラスに行くときは必ず担任もいて、保健室には空き時間の先生がいてくれて…。1 回だけ大ケガがあって途中退室して後を担任に任せて…っていうことがありました。保健室は留守番の先生がいてくれるので安心です。「オレがいたけん、ドア開けてみんな慌てて帰った」とか「『先生、何しよんのや』とやってきて、普段見ない生徒の一面を見た」とか、生徒も「教室では怖いと思っちょったけど、保健室やったけん○○先生話しやすかった」とか、いろんなことがありました。

性の話を生徒たちにするようになって、性の相談や質問が多くなったことは確かです。自分が同性愛であることを打ち明けたり、男も好きだけど女も好きで変じゃないのかと話しに来たり…。それでも全ての人が相談に来ているとは思えないので、悩んでいる人はけっこういるんだよな、だから一方的でも伝えることが大事なのかなと思っています。

学校に来るのはたまに、それも保健室にしか来ない髪の毛の色が違う、濃い化粧…という子たちに、もっと踏み込んだ性の話をしていたら、「考えて行動するようになった」と言っていました。「なんの根拠もないけど自分たちは妊娠せん、病気はもらわんと思っていたけど、Hすればありうるんでなぁ、とにかくゴムがねぇときはせん。」と言っていました。

「性」という字を黒板に貼ったら「汚い」と言った男子がいました。今までの育ちの中で、性をそう思わされる情報しか彼に入ってこなかったのでしょう。「△くんは性というと今まで汚いと思ってきたんだね。今日、勉強する中で少しでも汚いと思う気持ちが変わっていったら嬉しいな」。

性という字は心＋生で心を生かす学習と言った途端、△くんは「汚くねえ。大事なことや」って。ありがとう、早かったね、わかってくれて嬉しいよって言いました。今は彼の話を、どのクラスでもしています。

この授業が終わった後、ある生徒が寄ってきてこう言いました。「先生、誕生日って俺が生まれておめでとうの日じゃなくって、誕生日ってお父さんお母さんに感謝する日なんでなぁ。今日それがわかったよ。ありがとう」そんなふうに思える生徒に出会えて、私の方こそありがとうという気持ちでいっぱいになりました。

でも私自身は、これでいいのかといつも迷っています。私が中学生のときにこんな話を聞いていれば 10 代がもっとのびのびしていたかもと思える授業であるのかと考えています。毎年の生徒の感想や研修などをもとに、この授業も少しずつ変わっていきました。今は伝えたいことがいっぱいあって、どう 1 時間で生徒たちに話すかをいつも思い巡らせています。

授業の様子

生徒「今日は何歌うん」「ハイ、どうぞ。」

今日も歌うよ。今日はみんながよく知っている歌。「シャボン玉」最初に日本語で歌うけど、その後、違う国の言葉で歌うから、どこの国か当ててね。では歌います。＊シャボン玉を歌う♪続けて中国語で歌う♪

謝謝。（しぇいしぇい）

生徒（拍手）

「分かった。韓国語。」「違う、中国語で。」

そうだよ、中国語で歌ったんだよ。なぜ中国語で歌ったかというと、2004年にアジアの性教育の大会が台湾であってね。みんな２学期に文化祭で見たよね、エイズに関する劇。あれ、もうずっとしているの。台湾の大会に参加するんだったら、せっかくだし発表したらって言われて、人権劇のエイズに関する劇についてのとりくみを台湾で発表したんです。夫がね、いつも私が歌っているのを知っているから、中国語であいさつして歌ったらと言ってくれて…。だから中国人のお友達に訳してもらったんだよ。

さて、シャボン玉の歌、みんな聞いたことあるよね。じゃあこれ、誰が詞を書いたか知ってる？

生徒（みんな首を振る）

野口雨情さんっていう人だよ。野口さんは男の人、妻に赤ちゃんが生まれてね、とても喜んだんだけど、赤ちゃんは１週間ぐらいで亡くなったの。他の子どもたちがシャボン玉を飛ばして遊んでいるのを見て、雨情さんは娘が生きていれば、この子たちと遊んでいただろうって思いながら書いたって。2

番の歌詞が「シャボン玉消えた 飛ばずに消えた 生まれてすぐに こわれて消えた」ってあるでしょ。きっと娘さんのことなんだろうね。

野口雨情さんの娘のように、生まれてすぐ亡くなるいのちもあるけど、みんなは生まれて何年？ 13歳？ 12歳の人もいるよね。いのちがずっと続いていたから今、ここにいます。いわゆる寿命、日本は今、80歳を超えているよね。その寿命までみんなのいのちが続いて欲しいです。

じゃあ、いきなりだけど、ジャンケン大会をしよう。最初はグゥー。ジャンケンポン。＊みんなでジャンケンをする。

生徒「負けた～。」「勝ったぁ。」

負けた人、悔しいよね。勝ちたい？そう、勝ちたいよね。では、どうしたら良い？

生徒「後出しする」

そうね。じゃあ、後出ししていいから、必ず勝ってね。では最初はグゥー、ジャンケンポン。＊相手に勝つようにジャンケン、その次に、相手に負けるようにジャンケンをする。意外と難しい。

…自分の手だけど、なかなかうまくいかないよね。

よし、今度は両手をパー。これはみんなできるよね。うん、おろしていいよ。前に、ちょうどこの授業をしているとき、手を骨折してギプス巻いてる人がいたの。「先生、パーできません。」って。そうだよね、今、みんなパーって両手開いたけど、できない人もいるんだよ。その先輩の場合は、ギプスとれたらパーできるんだよね。

私のお友だちには、幼稚園とき事故にあってね、2本指が切断された人がいるの。だから今みたいにパーしても皆のように10本ちゃんと開けないんだよ。今はね、指がなくても器用にいろんなことしているよ。

さて、１学期に、私が人権について活動している話をしたんだけど、覚えてる？薬害エイズや薬害肝炎なんかのこと…。

その活動を一緒にしているお友だちの中にサリドマイドの被害者がいてね。サリドマイドって分かる？お母さんのお腹の中にたとき、それも妊娠初期にね、その薬を服用することで両腕がない人が生まれたりしたの。私の友だちは腕がとっても短くてね、手もあるんだけど、変形していて、さっきみんながパーとしたみたいに指は開けないの。生まれつきパーできない人もいるんだ。でも指にお箸やスプーンを器用に挟んで食べるんだよ。

今度は熊本の大野さん。大野さんといってもみんなは知らないと思うけど、農業している人でね、45 歳のとき機械を洗っているときに手を巻き込まれて、やばいと思って反対の手で引っ張りだそうとして、その手も巻き込まれてね。このままいくと、大きな機械だから体ごと巻き込まれて死んでしまうって。…そのとき、妻や子どもたちの顔が浮かんでね、死ねないって、大野さん。そこで自分の手を引きちぎったんです。だから大野さん、こっから（前腕）手がないの。

大野さんはもう字も書けないって思ったけど、妹さんが「兄ちゃん、何ば言いよっと。」って、腕にペン巻きつけて紙に一緒に書いたんです。「ざんねんでした」ってね。

大野さんは今、義手をしていてね、絵や字を書いています。

詩集とかいっぱい出しているんだよ。（＊本を紹介する。）阿蘇や九重に美術館があります。行ったことある人もかもしれないね。私には手や指はあるけれど、こんなに上手にかけんなぁ。

さて、また両手をパーにしてね。じゃあ、指を折って数字を数えます。いくよ。1，2，3…。10。＊みんなでやってみる。

生徒「できたぁ」

そうだね。これみんなできたね。ではちょっとレベルアップ。右手の親指を折ってね。右と左ズレたままこれで10数えるよ。ではゆっくりいきますよ。1･2･3…10。＊みんなでやってみる。

できたかな。難しかった？自分の手なのにうまくいかないね。自分の手とずっと付き合ってるのにね。いうこときかんね。

今、隣の席の人とはどのくらいの付き合い？自分の手がうまくいかんのやけん、出会って何週間しか経っていない人とは、うまくいかんこともあるよね。そんなもんなんよ。

じゃ、右手と左手の指をからめて、親指どっちが上？

生徒「右」「左」

そうね、右の人も左の人もいるよね。では、全部指を変えてください。どんな感じかなぁ。

生徒「わぁー、気持ち悪い。」「きしょい」「なんか変」「自分の手だけど自分の手じゃないみたい」「違和感がある」

そうだね、今、自分が思った感じのこと覚えておいてね。

今日は、このことについて勉強します。『性』。＊「性」と書かれたカードを黒板に貼る。

これって、なんて読みますか。

生徒「せい」「しょう」「さが」

そうだね。じゃあ、これが付く言葉知っていますか。

生徒「性格」「男性」「女性」「中性」「弱酸性」「アルカリ性」…。

いろいろ知ってるね。「性」って、いろんな意味があるけれど、今日はね、「性教育」というときに使う『性』ということで勉強していきます。性っていう字は２つに分けられるよね。この左の部分、国語で習ったよね。何へんって言う？

生徒「しょうへん」「こざとへん」

しょうへん？こざとへん？ちょっと、国語の先生が泣くよ。

生徒「りっしんべん」

そう、りっしんべんです。良かったよ、言えて。これ、意味があるんですけど…。

生徒「小さい」

いやいや違います。

生徒「こころ」

そうそう。「こころ」なんよ。性っていう字は心＋生きるって書くでしょ。

私は性のことを学ぶっちいうのは、こころを生かすことだって、この20数年勉強してきて、そう思うんです。具体的にこころを生かす勉強っていうのは「いのち」と「からだ」と「生きる」ということについてだと思うんです。

私じゃない人が性のことを勉強しますよっていうと、もしかしたらちょっと違う話をするかもしれません。でも私はこうかなぁって思っているので、みんなは、まーさんはそう思ってんだな、これはいいと思う、これはなんか違うかな、ぐらいで聞いてくれるといいです。

では、いのちです。みんないのち持っているよね。なんで持っているの？前の学校で同じこと聞いたら「今日いのち忘れました」とか言った生徒がいたの。あげくに「取りに帰ってもいいですか」って。

生徒（笑）

忘れたり取りに帰ったりするもんじゃないよね。

前の学校に変わったとき、担当の先生が性についての授業は初めてだから、なんでもしてくださいと言われて、今やっているこの授業を、先生たちに中1になりきってもらってしたんです。一番前の真ん中に校長先生が座っていたので「○○くんはなんでいのちを持っているのかな」と聞きました。すると、校長先生は元気よく「父と母がいたからであります」と答えました。

生徒（爆笑）

そのときもみんな大笑いで、「校長先生、間違いじゃないけど、そんな言い方する中1はおらんと思います」と私は言いました。

例えば○×くんがここにいます。お父さんとお母さんが出会って○×くんがいます。

正しくはお父さんの精子とお母さんの卵子が出会って○×くんがいます。そのお父さんにもお父さんとお母さんがいて、そのお母さんにもお父さんとお母さんがいて、いわゆるおじいちゃんにもお父さんとお母さんがいて…。これって、いったいどこまでつながっているんですか？

生徒「永遠」「無限」

生徒「先生、社会の教科書に人類の誕生は400万年前から500万年前を書いています」

そうかあ。ありがとう。調べてくれて。すごく前からみんなつながってるんだよね。○×くんのおじいちゃんがおばあちゃんに出会う前に亡くなっていたら、○×くんのお父さんはお父さんじゃなくて違う人で、○×くんのお父さんじゃなかったんだね。ではクイズです。○×くんの一代前は2人、二代前は4人、三代前は8人、では十代前は何人でしょう。

生徒「50人」「100人」「120人」「200人」

いえいえ違います。正解は1024人です。

生徒「すげぇ。結構多いんや」

十代で1024人ということは、二十代で何人になるでしょうか。

生徒「えっと。2048人」「3000人」

違います。実は100万人を超えるんです。

生徒「すげぇなぁ」

すごい人のつながりがあって、私たちは今、ここにいます。私の父は8人兄弟です。父は下から2番目。終戦時、私の両親は今のみんなと同じ中1でした。母は終戦と聞いて、これでゆっくり寝られると思ったそうです。だって夜に空襲警報が鳴って、眠い目をこすりながら防空壕にいつも入っていたからって。

父は街の方に住んでいて、近くに爆弾が落ちると防空壕もすごく揺れて、いつも「死んだ」って思っていたって。だから戦争が終わってもう「死んだ」っていう思いが無くなったって言っていました。

あの戦争で父か母が亡くなっていたら大人になって出会うこともなく、私が生まれるわけもなく、そして今、こんな風にいのちの授業をしていることもなかったわけです。そう思うと、あの戦争を生き抜いた父や母に感謝です。

父の一番上の兄は戦争で亡くなりました。いわゆる戦死です。だから私はもちろん会ったことはありません。おじさんは戦争という時代に生まれたけれど、おじさんなりに一生懸命生きたと、私はそう思っています。

さて、私の友だちに、赤ちゃんが欲しくて欲しくてたまらなかった人がいます。でも全然赤ちゃんがやって来なくてね、病院で治療したんだけど、やっぱりやって来なかったんです。

その友だちは今だから言うけどねって。あの頃、友だちに会うのが嫌だった、怖かったって。結婚したらね、会う人会う人が「赤ちゃんまだ？」って聞くって。自分も欲しくて欲しくてたまらないのに。でも「赤ちゃんまだ？」って聞く人は悪気があって言ってるわけじゃない。相手を傷つけようと思って言っているわけでもない。だから誰にも会いたくなかったって。

言葉って難しいよね。傷つけようと思って言っていなくても、傷つけることってあるんだよ。だから考えて言わなきゃいけないんだよね。私も失敗はあります。傷つけてしまったと思ったら、やっぱり素直に謝らないといけないんだよ。私は傷つけたなと思ったら謝るんです。生徒や自分の子どもにでも。

さて、別のお友だちの話をします。このお友だち、赤ちゃん欲しいなと思ったら、赤ちゃん授かったかもしれません。でも、この夫婦は２人で赤ちゃんを産まないって決めたんです。こんな時代だから、子どもを育てていく自信がない、それよりも今、自分の仕事が充実していて、それを貫いていきたい、２人でそう選択したと言っていました。

これから先は、自分で決めていいんです。どう生きるかは自分で決めていいんです。

でも、みんなはまだ中学生だからね。いろんなこと学んで体験して、大人の意見を聞いて、そしてどう生きていくか決めたらいいんです。前の学校の生徒がね、この授業を受けてこう言いました。「先生、私は男に頼って生きていきたくない。自立して、自分できちんと生活して、１人で生きていく」。

そうね。そういう生き方もいいよね。でもね、大人になって出会いがあって、この人と一緒に暮らしたいなぁと思ったら、やばい、益美先生に１人で生きていくと言ってしまった、どうしようと思わなくていいんです。その時その時、そう生きていこうと決めて生きていけばいいんだよ。

次は「からだ」。えーっと△くんは男ですか。

△**くん**「うん」

どうして男？

△**くん**「えっ」

いやー、急に言われても困るよね。前の学校で元気の良いクラスの男子はこう言っていました。「ちんぽがあるけんやぁ」そう、間違いじゃないよね。でも中学生だからちんぽじゃなくて「ペニス」って言ってください。今、私は大きな声でペニスと言っています。だって今、からだのお勉強をしているから。これ、どこでも大きな声で言っていい言葉ですか。

生徒（みんな首を振る）

近所のスーパーに行って、「俺のペニスがよ」（生徒 笑）って大きな声で言っていいですか。ダメなの分かるよね。言っていい場所、言っていい声の大きさ、中学生だから考えたら分かるよね。大丈夫だよね。

みんなはお母さんのお腹の中にいたんだよね。覚えてる？覚えてない？前の学校では、覚えてるって人がいたんだよ。どんな感じだったって聞いたら、「暗かった」「生あたたかかった」って言っていた。

生徒（笑）

じゃあ、もしかしたら、お母さんのお腹に授かったと思ったころも覚えてる？って聞いたら「そりゃ前過ぎて分からん」って言っていました。△くん実はね、君、男の子だけどそのときは女の子だったんだよ。

生徒「え、オカマですか」

いやいや、そうじゃなくてね。もともと性器はみんな一緒だったんだよ。それが伸びてひっついたのがペニス。

男子はね、帰ってお風呂に入ったとき、自分のペニスの裏側見てみて。きっと縫い目みたいなのがあるから。それは自然にできたものです。女子は伸びなくて、開いておさまったの。

前の学校で話をしたら「あー良かった」って言った男子がいてね、何が良かったのって聞いたら「自分のペニスに縫い目があることは知っちょったけど、いつこんなところ手術されたんやろう、自分が知らんうちに勝手にされたんかなって心配しよった。これっち、自然なことっち聞いて安心した」って。そうかあ、私も話してよかったよって言いました。

性器がね、伸びたり開いたりして男か女か決まるんだけど、女性器や男性器の形は人によってみんな違うんだよ。

ちょっとここである人の話をします。その人はね、生まれたとき、お医者さんに男の子って言われたって。だから自分はずっと男の子としてずっと育ってきたけれど、思春期になる頃ね、なんか他の男の子と性器の形が違うなぁっていろいろ調べたら、自分は多くの人とは性器の形が違う性分化疾患だって分かったって。

そのことについて書かれた本もありますよ。ある本には「確率として2000人に1人」と書いてあります。

生徒「先生、けっこういるんやぁ」

そうだね。私たちはいろいろなんだよ。いろんな人たちがいるんだなとまず、知ることが大切。当事者たちはなかなか自分はそうですって言えないかもしれんけど、周りの人たちが知っていてくれるだけで嬉しいと思うかもしれん。ほっとするんじゃないかなぁと思います。

○○さんは女ですか？体は女ですよね。心も女ですか。何の話かというと…「性同一性障害」、「トランスジェンダー」。みんな聞いたことあるかな。

生徒「はるな愛」

そうだね。みんなはもう知らないかもしれないけど、随分前に、金八先生っていうテレビがあって…。

生徒「知っちょん。上戸彩が性同一性障害の役したんやろ。」

すごい。知ってるんだぁ。そうなんよ。体は女で、心は男っちいう役でね。あれにはモデルがいたんです。

この本の方は、虎井まさ衛さんっていいます。私は虎ちゃんって呼んでいます。虎ちゃんは女に生まれたけど、自分にもいつかペニスが生えてくるって思っていたみたい。思春期になって生えないって分かって、すごく落ち込んだって。でも、１週間ぐらいで立ち直ったって。それがね、あるテレビ番組を見て、手術できるんだって、分かって救われたんよ。それから手術を受けるためにお金を貯めたんだって。

みんなは毎日鏡を覗いて自分の顔を見るよね。虎ちゃん、鏡を見ると女の体でいる自分を突きつけられるから、ずっと手術するまで鏡を見なかったの。

そしたらどうなるか。見ないから、自分の顔が分からんごとなるんよ。集合写真撮るやろ。どれが自分の顔か分からんけん、これは何ちゃん、これは誰って指さして、知らない顔がある、もしかしたら自分はこれ？みたいになってたんだって。女ってばれないように、声を出さなかったりもしたみたいです。

大学を卒業してアメリカで性別適合手術をして、やっと自分らしくなったって言っていました。

虎ちゃんは手術をして自分らしくなったと言ってたけど、こういう人もいます。その人は、結婚して子どもがいます。月〜金は男の人として高校の先生をしています。土日は女の人として過ごしています。虎ちゃんは手術しないと自分じゃない、落ち着かないって言ってたけど、その人は土日、女性の格好をするだけで落ち着くって。

こういう人たちをトランスジェンダーといいます。ホルモン治療や性別適合手術も受けなきゃっていう人たちを性同一性障害といいます。この障害っていう言葉いやだなぁって思う人もいます。反対に、虎ちゃんはあってよかったって。障害っていう言葉があるから手術するって。

こういう人たち、日本では１万人に１人くらいいるって言われています。虎ちゃんはアメリカで手術したけど、今は日本でもできます。でも手術する病院はそう多くはないんよね。大分でも大分大学医学部附属病院でカウンセリングを受けたりホルモン治療を受けたりできます。私の知っている産婦人科の先生のところでもホルモン療法をしています。

最初、じゃんけんしてその後、手を組んでもらったよね。違和感あるとか言ってたでしょ。心の性と体の性が違うっていうことは、この手の感触よりもっと違和感が強いと思うんよ。そういう人がいるって知ることはとても大事なことです。

こういう人もいます。男で男の人が好き、女で女の人が好き、こういう人のことを同性愛っていいます。反対は異性愛。『もし世界が 100 人の村だったら』(池田香代子、マガジンハウス、2001) という本を知っていますか。その中にはこんなふうに書かれています。「世界が 100 人の村だったら 89 人が異性愛者で 11 人が同性愛者です」。

けっこういるんです。いるけど、簡単に人に言えないの。なぜ？

…今ちょっと何かあるとからかいの対象になるでしょ。このクラスは何も言わなかったけど、他のクラスで、同性愛って言葉が出たらすぐ「ホモ」とか「レズ」とか言ってたよ。みんな「あなたホモでしょ」とかどんな気持ちで言うのかな？リスペクトがそこにある？最初、「オカマ」って言った人もいたよね。ホモ・レズ・オカマって、ばかにした言い方に使ってない？差別用語だって言う人もいます。言われていい気持ちした？正式にはレズビアン・ホモセクシュアルっていいます。でもばかにしてレズビアンとか言ったらダメって言うのも分かるよね。自分が言われて嫌だと思うことは、他の人に言っちゃダメなんよ。考えんといけんのよね。

さて、最後にまたクイズです。この地球上で自然にできた、完全なまんまるなものなーんだ。

生徒「地球」「月」

残念ながら地球も月もまんまるじゃないんだよ。

生徒「目玉」

そうかぁ。目玉、これもまんまるじゃないんよ。
今日、出だしのところで出そうになったんだけどね。

生徒「えー、何。分からん。」

正解はね、受精卵。お父さんの精子とお母さんの卵子がくっついて受精卵になるんだけど、これがまんまるなんよ。大きさは0.2mmくらい。じゃあ、どれくらいの大きさか見てみよう。＊黒の紙に針のサイズで穴を開けたものを１人１つずつ渡す。

生徒「これ何？」
光にかざしてごらん。

生徒「あ！」「ちっちぇえ。」「これが大きさ？」「わかったぁ」「見えた」「これが俺の人生の始まり？」

みんなの出だしは、この大きさやったんよ。それがこんなに大きくなりました。すごいよね。では、今日の授業はこれでおしまい。次は２年生になってからだよ。

生徒の感想

○はっきり言って…先生の授業大好きです。今日も自分が当たり前と思っていることがあたりまえじゃない人もいることがわかりました。先生は良い友だちがいっぱいいますね。私もぜひ先生の友だちに会ってみたいです。いろいろな人がいて、それを助けあうことが大切だと思います。先生は歌がうまいので、聞くのが大好きです。保健室にある本も読んでみたいです。またいろいろな話を聞かせてください。楽しみに待ってます。

○今日は性について学びました。私はあまり性について知らなかったので知れてよかったと思います。性を学ぶということは、いのち・からだ・生きることを学ぶことと言っていました。私は人間のいのちは大切だと思ったし、お父さんやお母さんがいなかったら生まれてなかったんだなと思います。自分のいのちに感謝して大切にしていきたいです。生きることの大切さ、難しさ、いろんなことを学べてしれて嬉しく思います。今日学んだことを忘れず自分のいのちを大切にしていきたいです。

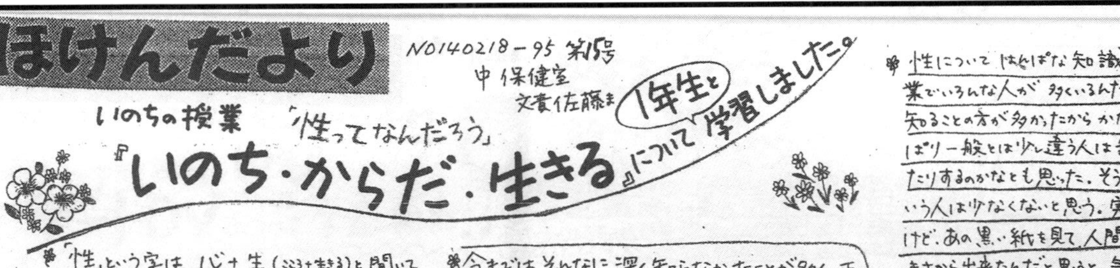

ほけんだより

NO140218－95 第15号
中 保健室
文責 佐藤ま

いのちの授業 「性ってなんだろう」 『いのち・からだ・生きる』について1年生と学習しました。

✿「性」という字は 心＋生（こころ＋生きる）と聞いてすごく性という漢字に意味を感じました。しゃぼん玉の歌詞の意味を初めて知りました。2番の歌詞に少し違和感を感じていましたが、今日、ちゃんとした意味を聞いて感動しました。私は、今、**しっかりと生きています**。健康でたくさんの人に囲まれて生きています。生きているのはたくさんの人の**励まし**やいろいろな人の**支え**があり生きています。だから 私も**個性的**なそのままの自分で**生きていきたい**。

✿今日の授業で、いろいろなことが分かりました。ぼくが生まれてきたことがとってもすごいことだなと思いました。人にはいろいろな人がいて、**その人それぞれが違っていいんだ**ということがあらためてわかりました。

✿今まで何のために生まれてきたのだろう？と自分で考えたことが何度もありました。生きていても別にいいことがそんなにあるわけでもないと感じていました。けれど、今回の授業で、**手があるだけでうれしい**、**性が決っているだけでうれしい**と感じました。

✿今まではそんなに深く知らなかったことが多く、正しく知ることができてよかったと思います。このクラスにもいろんなことでからかったり、冷やかしたりする人が多いので、みんなが**人の気持ちを考えられる**ようになってほしいです。自分の気持ちをかくしたまま言えない人が、自分から言えるような世の中になってほしいと思いました。命の授業をありがとうございました。

✿性については、今日いろいろわかったのでよかったです。世界には子どもを産みたくても産めない人や、うまれつき手が短い人やいろんな人がたくさんいます。他には同性愛や性同一性障害の人など、でもそのことを自分がちゃんとわかって、周りの人にもわかってもらえればみんなが楽しく過ごせるので**理解することが大切**なんだと思いました。私も**個性は大切**だと思いました。

✿いろいろ知ることができました。自分の言っていたことが悪いことに気づきビックリしました。これからは気をつけて益美先生の教えてくれたことを覚えて生活したいです。黒い紙のやつ（受精卵の大きさ 0.1～0.2mmを示す）はめっちゃ小さく、私たちはこんなに大きくなったのがすごい！

✿性については中途ぱな知識しかなかった。今日の授業でいろんな人が多くいるんだなぁと思った。初めて知ることの方が多かったからかなり考えさせられた。やっぱり一般とは少し違う人は無理して、自分を追いやったりするのかなとも思った。そういうのが気持ち悪いという人は少なくないと思う。実際自分もそうだったけど、あの黒い紙を見て、人間は全部が全部この大きさから出来たんだと思うと、気持ち悪いと思ったことが正直ばからしくなってくる。これからは否定せず、同じ人間として**生きる人間として尊敬したい**と思う。

おすすめの一冊

第10回開高健ノンフィクション賞
✿国際霊柩送還……国境を越えて遺体や遺骨を故国へ送り届ける仕事。

エンジェルフライト 国際霊柩送還士
佐々涼子
集英社

図書室にありますよ。是非読んで下さい。

※エアハース・インターナショナル株式会社→日本初の国際霊柩送還の専門会社

知らなかった。このような仕事があることを。海外で亡くなるということが、国内のそれとはずいぶん異なると初めて知った。日本人の遺体は海外の葬儀社の手によって、送り出され、航空便の「貨物」として日本に戻って来る。空港に着いた遺体はエアハースの処置により、穏やかな表情に整えられて遺族のもとへ送り届けられる。

飛行機での輸送は気圧の変化で遺体の状態が悪化してしまうらしい。

本日のおまけ　ソチオリンピックの日本選手のがんばりに皆さんもたくさんの感動をもらっていることでしょう。中でも41歳の葛西紀明さん スキージャンプの銀メダルには元気と勇気をいっぱいをもらいました。私もまだまだいろんなこ[illegible]

いのちの授業4
スクール・セクシュアル・ハラスメント
中学2年生2学期

授業にこめた思い

加害者、被害者を出したくないという思いからこの授業をしてきました。しかし、現実には生徒の中にすでに被害者はいるんです。もしかしたら私たちが知らないだけで加害者もいるかもしれません。

この授業をした後、そう多くはありませんが、今まで何人かが、他の生徒が誰もいない保健室の時間を見計らって被害にあった話をしにきました。それは幼稚園や低学年の頃、近所の顔見知りの人に性被害を受けた話でした。今まで誰にも言えなかったと泣きながら話す生徒たちを抱きしめるしかできませんでした。

他にも、教師のセクハラを受けた話もありました。また、性虐待の話もありました。この件に関しては関係機関につなげましたが、後手後手にしか対応できないことに、はがゆさを感じます。

性暴力の問題は、大人が社会の問題として考えていかなければいけないと強く思います。

授業の様子

お久しぶりです。前回のいのちの授業を覚えていますか？

生徒「覚えちょん、1年生のとき」「性のこと」「♪リメンバー」「エイズ」

じゃあ、「性」この字を黒板に貼ったのは？

生徒「わかったぁ」「しょう、小さい」

ええっ何だって！また国語の時間？

生徒「りっしんべん」「こころっていうんだ」「性って心と生だよ」

良かったぁ。だんだん思い出してきたね。性を学ぶって、心を生かすことだよって話したよね。前回の授業のことと、みんなの感想から歌を作ってみました。「感謝」という歌です。それでは聞いてください。

♪　感謝　　　　佐藤益美 作詞／作曲

私がここにいることはあたり前のことだとずっと思ってた
でもそれは父と母がいのちをつないで出会ったから
そしてその父と母と　それぞれの父と母が
いのちをつないで私がここにいる　当たり前と思っていたことが
ありがたいことと気づく　ずっと続く　いのちのつながりにありがとう

私が歌ってることはあたり前のことだとずっと思ってた
でもそれは日々の暮らしが安心で穏やかで平和だから
そしてあの戦争を乗り越えて　父と母が
いのちをつないで私がここにいる　当たり前と思っていたことが
ありがたいことと気づく　ずっと続く　平和な暮らしにありがとう

♪

この「性」（貼っている紙を指さして）大好きな人と触れ合ったりするのはとても気持ちがいいものです。でもね、大好きな人とでも「今日はそっとしておいてほしいな」って思うときに触れられると嫌な気持ちになるときもあるんだよ。ましてや好きでもない人から触れられたらどうかなぁ。性は気持ちを豊かにさせてくれるけど、その全く反対の嫌な気持ちにさせることが世の中にはあるんだよ。それをこういう風に言います。『性暴力』。＊紙を貼る。

この性暴力とは、レイプ／強姦・わいせつ・ＤＶ・セクハラ・ちかん等があります。＊紙を貼る。

『レイプ／強姦』は暴行／強制によって性行為をすることです。恋人どうしでも夫婦でも相手が嫌だと言っているのに無理やり性行為をすることも、これにあたります。『わいせつ』は暴行／強制によって性的に羞恥心を与えることです。『ＤＶ』これはドメスティックバイオレンスといって、日本では夫婦間の暴力をいいます。夫婦は婚姻届を出していなくても一緒にいれば、その人たちも当てはまります。ＤＶは３年生になって詳しく話しますね。『セクハラ』これは正しくはセクシュアル・ハラスメントという性的ないやがらせのことです。今日はこのことについて詳しくお話しますね。＊強姦と強制わいせつの届け出件数、実際の被害者件数などのデータを示す。

『ちかん』これは説明しなくてもいいかなあ。だいたい分かる？このちかんもわいせつの一種です。

これらは全て性暴力であり、犯罪です。人権侵害です。性暴力は魂の殺人とも言われています。この強姦と強制わいせつの届け出件数は 8000 ～ 9000 くらい毎年ありますが､あくまでも届け出た数です。ある研究によると、届け出件数は 13.3％程度と言われています。実際は６～７万人も被害者がいるということです。この届け出た数の加害はほとんどが男性、もちろん被害者の多くは女性ですが、中には男性の被害者もわずかですがいます。私はみんなに加害者にも被害者にもなってほしくありません。

さて、以前、新聞に載っていた事件について話をします。会社員 20 代の女性。仕事を終え、帰宅途中、コンビニの前を通りかかったところ 20 代後半の男性がいきなり抱きついてキスをしようとしました。女性はびっくりして悲鳴をあげ、からだをかわそうとして転倒しケガをしました。近くにいた人が男を取り押さえ、警察に通報しました。男性は警察に捕まったので仕事をクビになりました。その男性の言い分はこうです。「ビデオでしよることを真似しただけなのに、なんでクビになるんだ」と怒っていました。いい大人がＨなビデオを見て真似しただけ！？私はその記事を見て、ものすごい怒りを覚えました。

あのＨなビデオをですが、みなさんの中にも見たことがある人もいるかもしれません。別に見てもいいのですが、あれを見てセックスってこうなんだなと思ったら大間違いです。いやー、あれは人を人として見てないでしょ。「もの」扱いです。人権を無視しています。犯罪ですよ。なぜそんなものが売られているか？作り物だからです。作り物の話。それを真似しただけ！？もうふざけるなと言いたいです。

では、被害の女性はその後どうなったのでしょう。いきなりのことだったので、何が起こったかとっさにはわかりませんでした。ただ、恐怖だけが残り、なんで自分が…と思ったようです。その場所はもう二度と通れません。そして人のことが信じられなくなり、家から出られなくなりました。仕事にも行けません。引きこもりが続き、うつ状態になりました。

この事件、誰が悪いんでしょうか。

生徒「男やぁ」

そうですね。誰もが今、この男性が悪いと思うでしょ。でもね、そう言ってくれない場合がたくさんあるんです。みんなは男が悪いって今、はっきり言いました。被害にあった女性が帰って、このことを家族とかに打ち明けるでしょ。中には『なんでその道通ったん』『なぜ１人で帰ったん？』『なんか挑発したん』とか言われることがある。おかしいでしょ。その道を通ったらいけんの？１人で帰ったら悪いん？性暴力をされた側にも問題があると、なぜか世間がそう思おうとする。そしてされた側が恥ずかしいと思わされる。

みなさんはどう思う？では、聞くよ。１つでも当てはまったら手を挙げてください。部活をしている、していた。塾に行っている、行っていたことがある。宿題をしていなくて居残りをしていたことがある。では、どうでしょう。

（——どのクラスも全員手が挙がる。）

今、みんな手を上げたね。つまり、誰もが暗くなって1人で帰ることがありうるってことだよね。もしかしたら、今みたいなこと、本当はあってはならないけど、ありうるってことだよね。もう一度聞くよ。この事件、誰が悪い？

生徒「男の人」

そうだよ。1人で帰っているみんなに非があるわけじゃないんです。そこのところを考えられる人であってください。ただこの加害者の男の人は、弁護士から女性の状態を聞いて、自分は大変なことをしてしまったと反省したそうです。でも、やってから反省しても遅いんです。

ここで1冊の本を紹介します。『性犯罪被害にあうということ』（朝日新聞出版、2008）。小林美佳さんという方が書いています。

2000年8月、24歳の美佳さんは仕事を終えて自転車で暗い公園を通りかかったところ、公園の脇に停めてあったワゴン車の男性から道を尋ねられたので答えました。「それだけじゃわからない、地図で教えてくれ」と言い地図を広げたので覗きこむと、もう1人の男から荷物を奪われ後部座席へ引っ張り込まれました。そこでカッターナイフをつきつけられて脅されて乱暴されました。

この話を聞いたら誰が悪いのか、分かるよね。

小林さんは被害者だけど自分のこと、とても汚れたと感じた。社会のゴミと思ったって。なぜ！？さっきも言ったけど日本の社会が、世間が被害者をそんなふうに見ている。それっておかしくないですか？

小林さんはこのことをなかったことにしたかった。警察にも正直に言えない、眠れない日々が続き、1ヶ月で体重が10kg以上落ちました。何年たっても、後から人が近づいてきたら、吐いたりするそうです。

最初、話したよね。性暴力は魂の殺人って。私はどうしても小林さんの話が聞きたくて2010年1月、東京であった講演会に行ってきました。被害にあって10年、「今までどんな言葉も心から癒やされていない。ほっとしていないかもしれない」心の傷の深さを思い知らされました。その一方で「理解して話せる環境を作ってほしい」と話していました。私は大分にもぜひ講演に来てくださいとお願いし、10ヶ月後それが実現しました。そのとき、この本にこう書いてくださいました。「佐藤益美先生　大分の信じられる大人になってください　小林美佳」。相手を尊重するということはどういうことなのか、生徒のみんなと考えていきたい、とそのとき強くそう思いました。

さて、今日は性暴力の1つ『セクハラ』、つまりセクシュアル・ハラスメントについて学習します。

ちょっと聞くよ。『セクハラ』という言葉を聞いたことがある人。

生徒（半分以上が手を挙げる。）

このセクハラは正しくはセクシュアル・ハラスメントと言うんだけど知ってるよっていう人。

生徒（ほとんど手が挙がらず。）

セクシュアルは「性的な」という意味。ハラスメントは「いやがらせ」という「意味です。正しく覚えてくださいね。では、このセクシュアル・ハラスメントの前に言葉をつけます。『スクール』（紙を貼る）これは分かるよね。『学校で起こる性的ないやがらせ』。

生徒「先生、学校でそんなことあるん？」

そうだね、そんなことあるんって思うよね。残念ながらけっこう起こって

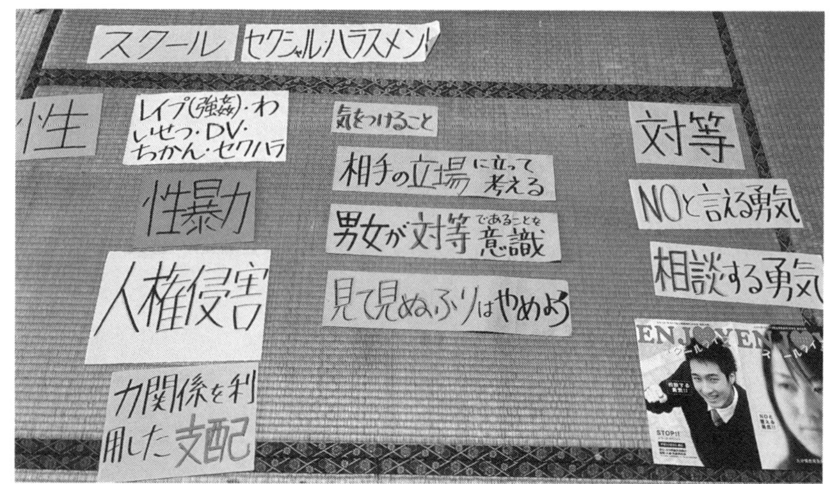

いるんです。では、具体的にどういうものなのかどうしたらいいのか勉強していきましょう。

では資料を配布します。『スクール・セクハラ防止啓発資料（中学生・高校生用）』（大分県教育委員会）。＊資料を読みながら、説明する。

では、相手を傷つけないために日頃から気をつけることってなんだろう。『男女が対等であることを意識』。＊紙を貼り資料を読む。

対等ってどういうことだろうね。

「同じ」「平等」…そうだね。間違いじゃないよね。でも私は対等をこんなふうに思うといいかなと思っています。『私も大事、あなたも大事』。みなさんどうでしょう。

生徒「いいんやない」「うん、いいと思う」

それから気をつけること２つ目。『相手の立場に立って考える』。＊紙を貼り資料を読む。

自分がもしそれを言われたらどうかなって考えることって、大切だと思います。自分が言われていやなことは人に言っちゃいけんのです。

そして気をつけること３つ目。『見て見ぬふりはやめよう』。＊紙を貼り資料を読む。

ではここで絵本を読みます。『性暴力被害をはねかえす絵本』（アーニ出版、1999年）。３巻ありますが、今日はこの３巻目の『わたしのからだはわたしのもの』を読みます。＊本を読む。

どうでしたか？１巻・２巻も読みたい人は、保健室に置いていますので、どうぞ。休み時間や放課後を利用して来てください。

先ほどの資料の裏側を見てください。絵本の中にもありましたが『NOと言える勇気』『相談する勇気』を持ってください。嫌だなと思ったら、それが先生でも『イヤです、やめてください』と言っていいんです。

私はいろんな活動をする中で、被害者の相談を受けることがよくあります。必ずって言っていいほどセクハラをしている人が言うセリフがあります。『減るもんじゃねえやろ』って。…いいですか？減るんですよ。セクハラを受けた人は前向きに生きようとする気持ちや一生懸命に生きようとする気持ちが。なんで私がこんなイヤな気持ちにならなきゃいけないの？と思うと前向きな気持ちや一生懸命な気持ちが減るんです。

本当はみんなが被害にあわないことが一番です。でも悲しけど、現実はゼロじゃないんです。もし何かあったら『NOと言える勇気』を『相談する勇気』を持とう。相談しても訳の分からないことを言う大人もいるかもしれません。またイヤな思いをすることもあるかもしれません。それは二次被害といって、本当の被害より傷つくことがあります。それでも諦めず、他の人に相談してください。絶対信頼できる大人はいるからね。言わなかったら問題は解決しないし、もっと被害者が増えるかもしれません。

いいですか。セクハラを防止するためにまず『自分がしていることに気づく』。＊紙を貼る。

そして『自分が受けていることに気づく』。＊紙を貼る。

それから『周りの友人や大人がそれがセクシュアル・ハラスメントだと気づく』。＊紙を貼る。

自分には関係ないと思ったら何も解決しません。誰もが安心して暮らせる世の中であってほしい、そう願っています。

生徒の感想

○「いやと思ったらいやと言う！」今日の授業で特に心に残ったことです。そして「なにかあったら必ずまわりの人に相談する」ということもわかりました。「自分が悪いんだ」とか「自分に隙があるからだ」とか思わず、悪いのはした方なので、自分を責めないという大切なことも知ることができました。被害者は10年たっても20年たっても心の傷はなかなか治らないと聞いて、とてもつらい気持ちになりました。とてもいい授業を受けて、良かったなぁと思いました。

○私が今日の授業で思ったことは、自分には権利があるということです。自分の気持ちを正直にしっかりいうことは大切だと感じました。また相談できる場所や信頼できる先生がいることはとてもいいことなんだと改めて感じることができました。益美先生が作った歌からも人の大切さを学ぶことができました。（対等）自分も大事だけど相手も大事という気持ちを大切にしたいです。

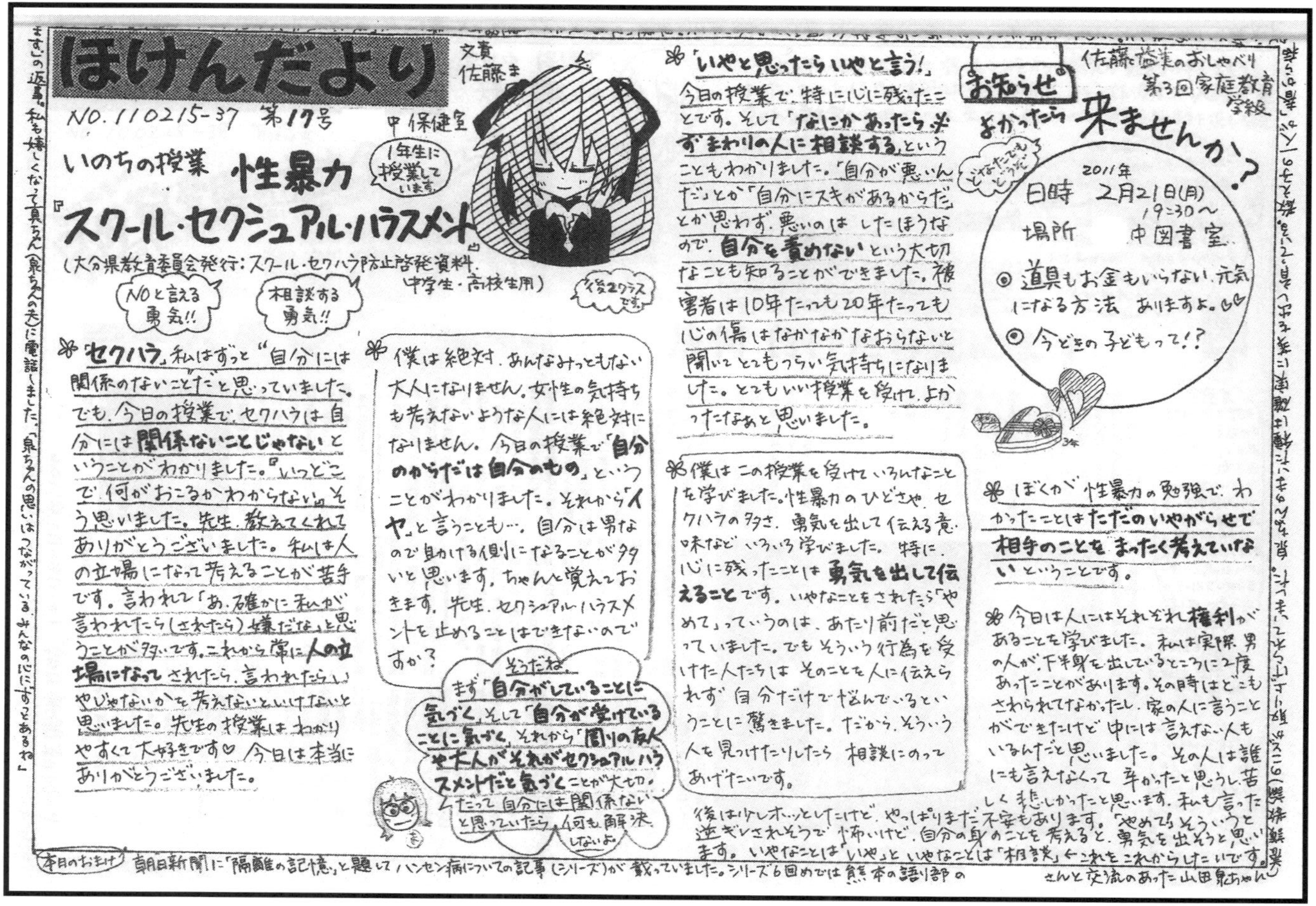

ほけんだより

NO.110215-37　第17号

文責 佐藤ま

中 保健室

いのちの授業　性暴力『スクール・セクシュアル・ハラスメント』

（大分県教育委員会発行：スクール・セクハラ防止啓発資料。中学生・高校生用）

1年生に授業しています。

NOと言える勇気!!

相談する勇気!!

後2クラスです。

✿「セクハラ」私はずっと"自分には関係のないことだ"と思っていました。でも、今日の授業で、セクハラは自分には**関係ないことじゃない**ということがわかりました。『いつどこで、何がおこるかわからない』そう思いました。先生、教えてくれてありがとうございました。私は人の立場になって考えることが苦手です。言われて「あ、確かに私が言われたら（されたら）嫌だな」と思うことが多いです。これから常に**人の立場になって**されたら、言われたらいやじゃないかを考えないといけないと思いました。先生の授業はわかりやすくて大好きです♡　今日は本当にありがとうございました。

✿僕は絶対、あんなみっともない大人になりません。女性の気持ちも考えないような人には絶対になりません。今日の授業で「**自分のからだは自分のもの**」ということがわかりました。それから「**イヤ**」と言うことも…。自分は男なので助ける側になることが多いと思います。ちゃんと覚えておきます。先生、セクシュアル・ハラスメントを止めることはできないのですか？

そうだね。まず「**自分がしていることに気づく**」そして「**自分が受けていることに気づく**」それから「**周りの友人や大人がそれがセクシュアル・ハラスメントだと気づく**」ことが大切。だって自分には関係ないと思っていたら、何も解決しないよ。

✿「いやと思ったら いやと言う！」
今日の授業で、特に心に残ったことです。そして「**なにかあったら必ずまわりの人に相談する**」ということもわかりました。「自分が悪いんだ」とか「自分にスキがあるからだ」とか思わず、悪いのはしたほうなので、**自分を責めない**という大切なことも知ることができました。被害者は10年たっても20年たっても心の傷はなかなかなおらないと聞いてとてもつらい気持ちになりました。とてもいい授業を受けてよかったなあと思いました。

✿僕はこの授業を受けていろんなことを学びました。性暴力のひどさや、セクハラの多さ、勇気を出して伝える意味などいろいろ学びました。特に心に残ったことは**勇気を出して伝えること**です。いやなことをされたら「やめて」っていうのは、あたり前だと思っていました。でもそういう行為を受けた人たちはそのことを人に伝えられず自分だけで悩んでいるということに驚きました。だから、そういう人を見つけたりしたら相談にのってあげたいです。

お知らせ

佐藤益美のおしゃべり
第3回家庭教育学級

よかったら**来ませんか？**

どなたでもどうぞ

2011年
日時　2月21日（月）19：30～
場所　中図書室

◎道具もお金もいらない、元気になる方法 ありますよ。♡
◎今どきの子どもって！？

✿ぼくが性暴力の勉強でわかったことは**ただのいやがらせで相手のことをまったく考えていない**ということです。

✿今日は人にはそれぞれ**権利**があることを学びました。私は実際男の人が、下半身を出しているところに2度あったことがあります。その時はどこもさわられてなかったし、家の人に言うことができたけど中には言えない人もいるんだと思いました。その人は誰にも言えなくて辛かったと思うし苦しく悲しかったと思います。私も言った後は少しホッとしたけど、やっぱりまだ不安もあります。逆ギレされそうで怖いけど、自分の身のことを考えると、「やめて」「そういうこと」勇気を出そうと思います。いやなことは「いや」といやなことは「相談」←これをこれからしたいです。

本日のおまけ　朝日新聞に「隔離の記憶」と題してハンセン病についての記事（シリーズ）が載っていました。シリーズ6回めでは熊本の語り部の　さんと交流のあった山田泉ちゃん

ますじの返事。私も嬉しくなって泉ちゃん（泉ちゃんの夫）に電話しました。「泉ちゃんの思いはつながっている。みんなの心にずっとあるね」

いのちの授業5
ハンセン病

中学2年生3学期

授業にこめた思い

本授業ではタイトルのとおり、ハンセン病を題材にしています。

実践当時であっても、ハンセン病について知らない子どもがほとんどでした。ハンセン病を題材に、病気について、そして患者に対する差別について伝えることの意味を考えながら実践をしてきました。

「授業にこめた思い」の代わりに、本授業を見に来てくれた、ある大学生の感想を紹介します。

○私はハンセン病という病気は知っていましたが、ここまで世間からの差別や偏見があるとは知りませんでした。

13歳という若さで星塚敬愛園（鹿児島）に入所させられ、労働までさせられた竪山さんの話を聞くと、たとえ、法律で定められているとはいえ、個人の人権が守られていないと感じました。またハンセン病についてあまり感染性のない病気だということを知らない人の多さに驚きました。

ハンセン病以外にも差別や偏見を受けている病気の患者さんは多くいらっしゃると思います。この問題を解決するためにも先生がおっしゃった「知る」ことが大切だと思いました。

ハンセン病が現在は薬で治る病気であるということや、差別が多くあることをたくさんの人が知る必要があると思いました。

授業の様子

生徒「今日も歌う？」「歌って!!」「今日は何歌うん？」

今日は一青窈さんのハナミズキを歌います。みなさんこの歌を知っていますか。＊『ハナミズキ』をみんなで歌う♪

さて、この歌はみんな知っているって言ってたけど、一青窈さんはどんな思いでこの歌を作ったか知ってる？

生徒「知っちょん。飛行機がビルに突っ込んだ」

よく知ってるね。2001年9月11日にアメリカで起きた飛行機を使ったテロ事件。その後アメリカ軍がアフガニスタン紛争、イラク戦争をしたんよ。そのテロ事件の映像をテレビで見て涙しながら一青窈さんが作った9・11の復興を願った歌といわれている。テロの応酬という「果てしない波が止まりますように」「人と人は優しさを交換できないものか」という思いを込めて作った曲って。

9・11で3052人が亡くなりました。6000人以上が負傷。大事にされなければいけないいのちがテロという行為で奪われてしまった。人のいのちと人権をなんだと思ったって。

さて、今日はハンセン病について学習します。

ハンセン病って聞いたことある？聞いたことある人は手を挙げて。説明できんでもいいけん。名前聞いたことがある人。

生徒（何人か手を挙げる。）

じゃあ、今日初めて聞いた人。

生徒（ほとんど手を挙げる。）

いいんで、知らんでも。知っちょったら、わざわざ私が授業せんでもいいやろ。知らんけん、するんよ。では、知っちょった人は何で知っちょったん？

生徒「テレビで言いよるの聞いた」「ほけんだよりに書いちょった」「1 年生のとき、最初のいのちの授業で聞いた」

あんたたち、偉いねぇ。覚えちょったんやね。ありがとう。ハンセン病って病がついているから病気って分かるよね。病気のことについて、1 時間話すっちいうのは、それなりの意味があるんよ。しっかり聞いてね。ハンセン病は治る病気。だから今、ハンセン病だった人のことをハンセン病元患者とかハンセン病回復者とかいう言い方をします。

この言葉を覚えてるかなあ。「知るは愛なり」って 1 年生のエイズの勉強のときに出てきたよ。

生徒「愛は相手を大切に想うことって言ったやつやぁ」

そうだよ。相手を大切に想うために正しい知識って必要なんだよね。病気について知ることはあたりまえだけど、ハンセン病の回復者たちがどんな差別や偏見を受けていたのか、なぜそんなことをされたのか知ることも大事だし、回復者の人たちがどんな思いや願いを持っているのか、それを知ることも大事。そして今、回復者の人たちがいるという現実。その中でともに生きていくということはどういうことなのか、私たちにできることは何なのか、そういうことを知ることも大切です。

じゃあ、病気について勉強していくよ。資料を配るね。『ハンセン病の向こう側』（厚生労働省、初版は 2008 年）を読みながら授業を進めるよ。

まずは表紙を見てください。こんなふうに書いているね。

『長い間、偏見や差別に苦しんでいる人たちがいる。ハンセン病問題は決して特別な問題じゃない。それは私たちの姿を映しだす鏡だと思う。この問題をどうやって乗り越えていけばいいのだろう』

前にも聞いたことあるけど、みんな生まれてきて一度も病気したことがないっていう人いますか？

生徒「先生、そりゃおらんやろ」

そうよね。これから80歳くらいまで生きたとして、一度も病気せん人とかいますか？

生徒「それもおらん」「ムリやろ」

そうだよね。誰も病気せんとかないよね。ねぇ、みんなは病気になったとき、例えばインフルエンザになったときなんかは、よしインフルエンザになるぞって思ってなった？

生徒「そんなわけねぇやろ」

そうだよなぁ。誰も病気になりたくてなったわけじゃないんよね。ではこのハンセン病という病気だってそうだよね。ということは、いつ誰がどんな病気になるかわからないんだよ。皆だって誰がいつどうなるかわからないんだね。このハンセン病になった人たちは、病気になっただけでも大変なのに偏見や差別を受けていたんだって…。みんな、病気になったときどうだった？

生徒「きつかった」「苦しかった」

そうだよね。それだけでも大変なのに…。差別や偏見でも苦しんでいるって…。

私たちは過去から学ばんといけんと思う。表紙にあったように、特別な問題じゃない。学ぶこと、知ることでこの問題について考えて行動できるようになってほしい。

私はみんなに差別する人にも差別される人にもなってほしくないと思っています。その人がその人らしく生きていける世の中であってほしいと考えています。

ハンセン病は「らい菌」による感染症って書いてあったね。『発病すると手足などの末梢神経が麻痺したり皮膚にさまざまな病的な変化が起こったりします』って。皆は暑いとか冷たいとか分かるから、例えば沸騰したやかんに間違って触っても「あちーっ」ってすぐ手を離したりするでしょ。でもその感覚が麻痺していたら、手をぶつけても痛みがわからないから…だから指とかが変形して後遺症が残ることがあったんです。以前はらい病と呼ばれていたけど、「らい菌」を発見したノルウェーの医師ハンセンさんの名前をとって今は「ハンセン病」と呼んでいます。

そして「らい菌」は感染力が弱く、非常にうつりにくい。感染しても発病するのはまれ。そこに書いてあるように、病気に対する抵抗力は、衛生状態・栄養状態などが関係する。昔は、そういうところがあんまりいい状態じゃなかったんだね。『現在の日本の衛生状態や医療状況、生活環境を考えると「らい菌」に感染してもハンセン病になることをはほとんどありません』って。ほとんどないんだよ。

『早く見つけて適切な治療をすれば治る病気なんだよ』とも書いているね。『昭和 18 年(1943 年)、アメリカで「プロミン」という薬がよく効くと報告』ってあるね。つまり、現在は治療方法が確立され、早期発見と適切な治療で後遺症を残さずに治すことができるんでです。

でも、昔は恐ろしい伝染病って考えられていたんだね。病気になったら仕事ができなくなって、家を出て放浪する人がたくさんいたんだよ。明治になって他の国から日本は病気の人を放っておくのかいって非難されて、法律を作っ

て療養所に入れたんだよ。療養所ってまぁ、病院みたいなところ。

病院って何するところ？

生徒「病気の治療」「ひどくなったら入院」「良くなったら退院」

そうだよね。でもこのハンセン病療養所は違っていたんだよ。

病気がわかったら入院。でも治っても退院できなかった。…なぜ？法律に治ったら退院していいって書いていないから…。

しかもだよ。病気の人に労働させていたんだよ。建物作ったり、症状の重い人の世話をしたり。だけど、手足に麻痺があるから、やけどや凍傷やケガで手足の指を失う人も多かったらしい。

あとね、入所者が逃げ出さないように結婚させたんだよ。でも子どもが生まれたら困るから男の人は赤ちゃんできないように手術したんだ。当時は麻酔とかもしてなかったって。女の人に赤ちゃんできたら人工妊娠中絶。間に合わなくて生まれたときは、赤ちゃんの鼻と口を塞いだそうです。

結婚してもね、部屋は 12 畳半に 4 組、8 人が生活していたんだ。みんな修学旅行のとき旅館の部屋に布団をギュっと詰めて敷いて寝てたでしょ。あれ修学旅行で 2 日間だから楽しかったと思うけど、これずっとって思ったらどう？プライバシーなんかないよね。

「無癩県運動」っていうのは、ハンセン病の人かなって思ったら通報させて、各県で競い合わせたんです。通報された家は真っ白になるくらい消毒されたので、ますますこれは大変な病気や、恐ろしい病気や、ってなって、さらに偏見や差別が広がったんよ。

療養所、おかしなものがあるんよ。監禁室。熊本の菊池恵楓園に行ったんだけど、恵楓園の周りにも高い壁がぐるりとあったんだけど、その中の監禁室の周りにも壁があった。今どちらも取り壊されてるけどね。中に入ったけど暗い部屋でした。規則を破った人を監禁する部屋。香川県の大嶋青松園に行ったとき聞いたんだけど、そこの療養所は島。作業していて荷物が椿の木にあたって枝が折れたって。そしたら監禁室に入れられたって。暗くて窓とかもなくて、こんなちっちゃな明かり取りがあるだけ。1日おにぎり1個とか。人のいのちより椿の枝の方が大事って…。

生徒「ありえんやろ」

そうでなぁ。ありえんよなぁ。そんなことがありよったんよ。そして火葬場や納骨堂も、亡くなっても遺体を外に出されんやったんよ。納骨堂も見せてもらったけど小さな骨壷がいっぱいあったよ。

「らい予防法」は1996年に廃止されました。だからといって家に帰れるかって…。高齢で後遺症もあって、差別や偏見も残っていて…。もちろん社会復帰した人もいますが、多くは療養所に残ったままです。

1998年7月に熊本地方裁判所で国家賠償請求訴訟が提起されました。これは国の加害責任の明確化と人間の尊厳の回復を求める裁判です。2001年、原告の勝訴の判決が下されました。

勝ったから差別がなくなったか…そうではないんよね。熊本県で入所者に対してホテル宿泊拒否事件とかあったんよ。北京オリンピックでも中国で「ハンセン病回復者の人は来ないで」って新聞にバーンと載ったときはびっくりしました。あとでその記事は訂正されましたが…。まだまだ残っているんです。

ハンセン病違憲国家賠償請求訴訟原告団協議会事務局長の竪山勲さんは以前、うちの学校にきて講演してくれました。

中学2年生、13歳のとき、鹿児島の星塚敬愛園に入所させられました。みんなと同じ歳のときだよ。1996年にらい予防法が廃止されるまでそこにいたんだよ。そのときは40代後半。多分、今の私くらいまで。中学から私くらいの年齢だよ。

生徒「なんか考えられん」

竪山さん中２のとき、体に発疹が出てね、校長先生に呼ばれて校長室に行ったら「君は病気だから帰りなさい」って言われたって。竪山さんは別に具合が悪くないので帰らないと言ったら、いや帰りなさいと言うので荷物を取りに行くと言うと届けるからそのまま帰りなさいって。

帰ったら父ちゃんがタクシーで星塚に行くって。家の前で乗ったら近所の人にどこ行ったんって言われるから１㎞くらい先くらいにタクシー待たせていて。でも竪山さんは行きたくなくってね。そりゃそうだよね。

父ちゃんが「行かんでいい」って止めてくれるっち思っちょったんよ。でも一言も止める言葉がなく、父ちゃんから見捨てられたって思ったんよ。そんときはね。後で分かったんやけど、竪山さんのお母さんもハンセン病でね、病院にやらんやったけん死んだって父ちゃんは思ってて、息子の勲だけは病院で治ったらいいっち思ったんよ。父ちゃんだって療養所がそんな大変なところなんか知らんやったと思う。

療養所に着いたら、彼はどこに乗っていましたかって聞かれて、タクシーがもう二度と使えんのやないんと思うくらい真っ白に消毒したって。そして名前を強制的に変えられて患者さんの世話とかさせられたそうです。父ちゃんは本当は療養所なんかに息子をやりたくなかったんよ。お母さんのことがあったけんな。息子のこと思って、相当泣いたらしい。

竪山さん、療養所から出られたとき、父ちゃんが泣いた場所に行ったたって。アスファルトに整備されていたけど、それ剥がしたら涙の池があるんやないかと思ったって…。竪山さんが講演に来たとき、最後にこんなこと言っていました。「ありとあらゆる差別を受けてきたけど、生きててよかった。自分の話をこうやって真剣に聞いてくれる人に出会ったから」と言っていました。

さて、はじめに「知るは愛なり」って話したよね。この「愛」という言葉、これの反対の言葉、マザーテレサは何と言っているか知っていますか？マザーテレサ、１学期の英語の授業で出てきたよね。

生徒「暴力！？」

愛の反対の言葉は暴力、それもありかも。でもマザーテレサはこういったの。愛の反対は「無関心」。皆さんはこれから生きる中で、どういった人でいたいのか、愛のある人、または無関心の人…それは皆さん自身が考えることです。

では最後に竪山さんの歌を歌います。以前、友だちの山田泉ちゃんのことを思って作った歌を紹介したと思うけど、竪山さんがその歌を聞いて「いいなその人の歌があって…」って言うんで「作りますよ、竪山さんの歌も」…って言ったんやけど。竪山さんのことを知れば知るほど…簡単には作れんと思いました。何ヶ月もかかって作りました。「ともに」という曲です。友だちのともと、共に生きていくという２つの思いを込めました。では聞いてください。「ともに」。

♪　ともに　　　　佐藤益美 作詞／作曲

やさしい笑顔の瞳の中に
悲しみと怒りが見えた
かぞえきれない程の
苦しみつらさ どれだけのものだったのだろう
そんな日々を乗り越えて
今、まっすぐ前を見つめてる
父ちゃんの涙を支えに
まっすぐ前に歩いてる
二度と同じあやまちをくり返さないために
私たちに何ができるだろう

※　いのちの重さ 人が人として
生きる意味をしっかり 受け止めて
その思いに寄り添いながら
手を携えて ともに歩もう

※　繰り返し

ともに生きてゆこう　生きてゆこう

♪

生徒の感想

◯今日、ハンセン病について話を聞きました。ハンセン病はみんなから差別を受けて、らい予防法のせいでなおっても療養所から出られないということを知りました。とてもひどいと思いました。病気になりたくてなっているわけではありません。自分がもしそうだったら、こんなことされたらイヤな気持ちになります。だからしっかりとそのときの気持ちを考えて、ハンセン病回復者の人たちの気持ちを分かりたいです。これからは出会う人たちの気持ちを考えて行動や発言をしていきたいと思いました。

◯授業で初めてハンセン病という病気を知りました。どうしたら感染するのか、どんな症状があるのか、これまでにどんな差別や偏見を受けどんな思いでこれまで生きてきたのかというハンセン病の歴史を知ってすごくショックを受けました。やっぱり何も知らないというのはすごく恐いことだなと思いました。僕は何事にも無関心な人にだけはなりたくないと思いました。

ほけんだより

文責 佐藤ま

NO140325－97 第17号　中 保健室

ハンセン病って!!

2年生と ハンセン病 について 学習しました。

資料「ハンセン病の向こう側」厚生労働省発行

- ハンセン病は「らい菌」による感染症です。「らい菌」は感染力が弱く、非常にうつりにくい。感染しても発病するのはまれです。
- 現在は治療法が確立され 早期発見と適切な治療で後遺症を残さずに治すことができます。
- ハンセン病患者はいつの時代も偏見や差別の対象にされてきました。国や社会が患者に対してどのように接してきたかを振り返ることが大切です。

らい予防法は1996年に廃止されました。1998年に入所者たちが、国のハンセン病政策の転換が遅れたことなどを問う裁判をおこしました。2001年 熊本地裁で原告勝訴の判決が下されました。しかしその後も差別や偏見が続いております。

2年前、ハンセン病回復者の堅山さんは原川に来て講演をしてくださいました。「あらゆる差別をされたけど生きてきてよかった。自分の話を聞いてくれる生徒さんに出会えてよかった」と言っていました。

「夢見る故郷の空」

…ハンセン病違憲国賠訴訟全国原告団協議会事務局長　堅山　勲さん

中学校二年生13歳の時、体に発疹が現れ、まもなく校長先生から「きみは学校へ来なくていいよ」と言われました。そして何がなんだか分からないうちに、星塚敬愛園に入所させられ、園に着いたその日に強制的に偽名を名のらされました。はじめて外出許可をもらい故郷の父に会いに帰りましたが、そこに待っていたのは「もう二度と帰ってきてくれるな。兄や姉たちにも迷惑がかかるといけないから」との父のことばでした。父にそう言わせたのは「らい予防法」があったからです。それは私から家族を、友達をそして故郷を、さらには教育を奪いました。以来私は帰郷をあきらめ夢の中でしか故郷へは帰れなくなりました。父が亡くなったのも知らされず、知ったのは亡くなってから満6年後のことでした。

✿ 僕がこの授業で学んだことは差別のひとさと『知るは愛なり』の意味です。差別をするのは恐いというあらわれだと思います。「知らないことは恐い」から「知るは愛なり」が生まれたんだと思います。だから、僕は「知らなくても恐がらない人」になりたいと思いました。知らなくても受け入れ知っていきたいです。エイズもハンセン病も悪いのは病気であって、人は被害者なんです。被害者をもっとイジメるのは道徳心がない臆病な人だと思います。僕はそんな人になりたくないです。

✿ 今日、ハンセン病について話を聞きました。ハンセン病はみんなから差別を受けて、らい予防法のせいでなおっても療養所から出られないということを知りました。とてもひどいと思いました。病気になりたくてなっているわけではありません。自分がもしそうだったら こんなことされたら嫌な気持ちになります。だからしっかりとその時の気持ちを考えて、ハンセン病回復者の人たちの気持ちをわかりたいです。これからは出会う人たちの気持ちを考えて行動や発言をしていきたいと思いました。

✿ 授業で初めてハンセン病という病気を知りました。どうしたら感染するのか、どんな症状がでるのか、これまでにどんな差別や偏見を受けどんな思いでこれまで生きてきたのかというハンセン病の歴史を知ってすごくショックを受けました。やっぱり何も知らないというのは、すごくこわいことだなと思いました。僕は何ごとにも無関心な人にだけはなりたくないと思いました。

✿ ハンセン病について初めて知ることができました。ハンセン病とはなんら普通の人と変わらないんだということがわかりました。その普通の人とかわらない人を昔から国は隔離し、差別をしていました。それは無知の人間の偏見です。これから社会に出る僕たちは正しい知識を持ち、そのようなことを絶対にないようにしていきたい。

✿ 私は今日ハンセン病という名前をはじめて聞きました。ハンセン病にかかっていたからといって差別する人がいたと聞いてハンセン病元患者の人たちはなにも悪くないのになんのために差別するのかと思いました。ハンセン病元患者の堅山さんたちはつらいことがたくさんあったと思うけど、そんなことに負けずにがんばっていてすごいと思いました。今日の授業であらためて人権を大切にしないといけないと感じました。

本日のおまけ

私が歌大好きということはすでにみなさん知っていると思いますが、中でも特にミュージカルが好きです。好きなミュージカルのひとつにライオンキングがあります。(ハンセン病の授業でも言ったと思いますが…)ライオンのシンバに猿のラフィキが語るシーンがあるんです。「道は2つに1つ、選ぶか、[illegible]……

第2部
ほけんだより

子ども、保護者を惹きつける ほけんだよりのコツのコツ

＊本原稿は、『季刊セクシュアリティ』31号（エイデル研究所、2007年）に掲載された原稿「子ども、保護者を惹きつける　ほけんだよりのコツのコツ」をもとに、一部加筆修正を行いました。

『本日のおまけ』大好きです！（保護者）

どうすれば保護者や子どもを惹きつけるほけんだよりをつくることができるのか？

わぁーおー、すごいテーマ。誰がこれを書くんでしょう。惹きつけるコツ？

そんなのがあったら私も教えてほしい……。(笑)

養護教諭になって20数年。これまで、ほけんだよりを年間20枚程書いてきましたが、いやぁー、今までどれだけ読まれているかなんて調査したことないから…。「きっと読まれている」とかってに判断して勝手にかいているだけだからなあ。うーん、果してこのテーマで私が書いていいんでしょうか？？？でもね、でもね…。いろんな場面でほけんだよりの話題は出るんです。

例えばスーパーとかで買い物をしていたら、保護者と思われる人がツゥツゥーと近づいて来て「保健の先生ですよね。〇〇です。いつもお世話になっています。先生のほけんだより楽しみにしていますよ。特におまけが大好きでまわしてよんでいます」「ありがとうございます」と私。

「えぇ—おまけ？それは何？」と思われた方もいると思いますが、私のほけんだよりには『本日のおまけ』のコーナーがあるんです。何でもあり、何を書いてもよいコーナー（ほけんだより自体がここ数年なんでもありなんですが……）。20年程前この『本日のおまけ』を作ったのですが、気がついたら、

早くも数回目ぐらいからはみ出していて枠の外をグルッとまわってしまっている（ほけんだより参照）。それ以来、20 年近く枠をグルッと字がまわっているのが、私のほけんだよりらしさになってしまいました。これ、とてもよいスペースです。

話題になる、ほけんだより

それから、担任の先生でこんなことを言っていた人がいました。「益美先生、ほけんだよりを配布した日は皆まわしながら読んでいますよ。だからすぐ学活ができません」（あは、そりゃどうも）。

そして、こんなこともあったなあ。ほけんだよりを一ヶ月程発行していなかったら（いやぁ、書きたいものが無かっただけです）保健室にやってきた生徒が、「先生、ほけんだより最近出しちょらんよなぁ、うちらもらってねえよなあ」「うん」「うちのお母さんが『あんたこの頃ほけんだより見せてねえやろ、出さんかえ』とか言うんで……」（ハイすいません。そんな、待ってくれてるならすぐ出しますって翌日発行したり……）。

保護者の方たちはいろんなところで会った時、必ずほけんだよりのことを話題にしてくれるのは確かです。「先生、ほけんだより全部とっています」「家族みんなで読んでいます」「卒業したら読めないの？」いえいえどうぞ、差しあげますよって言ったら保健室に取りに来る卒業生の保護者が何人かいます。学校がかわってもやってくる人がいます。そんな人の為に一年分冊子にまとめたりもします。ありがたいことです。

ということで、どのくらい読まれているかさっぱりわかりませんが、私のほけんだよりにはファンがいることは確かなようです。

だからって、このタイトルで私が書いてもいいのかなあ。まあ、参考になるかわかりませんが、とりあえず私のほけんだよりに対するこだわり、思いを書いてみます。

さぁ、いよいよコツのコツを伝授

◎テーマ設定について「基本は何でもあり」

基本は書きたいものを書きたい時に書いて出す。それだけです。だって『6月4日は、むし歯予防デー』なんか書かんといけんかなあと、無理やり書きたくもないに書くというのは読み手に失礼かなと……。もちろん、むし歯予防を書きたいと思ったら書いたりする時もあるんですよ。

養護教諭はクラス担任のように毎日生徒と触れ合うというわけにはいかないでしょ。保健室に来る生徒は限られている。でも中学生って結構心が不安定になりがち。だからそんな生徒たちや保護者の助けになればいいかな、一方的でも発信し続けることは大切かなと思っています。

テーマは本当にさまざま。インフルエンザや熱中症、ノロウイルスなど季節ごとに気になる病気の予防策のほか、DV（ドメスティック・バイオレンス）や性感染症、薬害エイズや薬害肝炎の問題に、食の問題、環境問題やハンセン病について、性同一性障害、インターセックス、同性愛なども取り上げました。

06年度は、水俣病、軍艦島、合唱鑑賞会、がんと闘った中学生についても書きました。生徒たちに考えてほしいのは人権やいのちのことです。社会に残る差別や偏見に気づき、個性を尊重する力を身につけてもらいたいと願っています。

「私自身が学習しなくっちゃ」の思いから参加した研修会や講演会についても、ほけんだよりで報告します。当然、休日の参加もあります。「先生は休みの日にも勉強しよん。私たちももっと勉強せんといけん」と意欲を見せてくれる生徒もいました。

本当になんでもありのほけんだよりなんです。

◎書くときの注意点・ポイント

今、書く時に気をつけていること。それは必ず自分の思いや願いを載せること。

時には資料提供になってしまう誌面もあるのですが、それでもどこかに私の言葉で私の思いを書くこと。それがないと誰が作っても同じほけんだよりになっちゃうでしょ。それは嫌なんです。そこは、私の一番のこだわりかもしれない。

最初に書いた「本日のおまけ」ここは特に、今、一番熱く思っていることを書いたりします。「おまけ」の響きなんかいいでしょ。「おまけ」ってちょっと得した気分にならない？　生徒の中には「おまけ」だけは読むという人もいます。

それと書くときに忘れてはいけない私のこだわりは、絶対、手書き？（いや、手書きしかできないだけです！）。

◎担任と連携して、読まれる効果的な配布方法を！

ほけんだよりを発行する時は職員朝会で提案します、「今日は○○について書いています。この部分はお忙しいでしょうが、是非、帰りの会で扱ってください」中には何も言わなくても毎回「本日のおまけ」を読み上げる担任もいました。

がんと闘い13歳で亡くなり新聞に紹介された猿渡瞳さん（福岡県大牟田市）の作文をほけんだよりで紹介した時の反響はとても大きかったです。同じ中学生として猿渡さんの訴えは心に響いたようです。翌日の生徒の毎日ノートにはその感想が多く書かれていました。その感想をそれぞれの担任からいただいて、またほけんだよりで紹介しました。

◎新聞記事を使用する場合は、先方に連絡し許可をとる

新聞記事を載せたいと思った時は必ず新聞社に連絡を取ります。だって著作権のことがあるでしょ。ダメという新聞社もありますが、よく電話する新聞社、最近では「佐藤益美さんならよいです」と言ってくれます。もちろん記事を載せたほけんだよりは必ず、こんなふうに書きましたと新聞社に送るんですよ。

◎さし絵、イラスト

さし絵、これもこだわっているひとつかな。10数年前、赴任したばかりの学校でちょっと気持ちがすさんでいる中学3年生の女子がいました。毎日のように保健室に来るのですが、何か顔の表情が固い。保健室を出る時もバーンとドアを閉めていく始末。担任と情報交換する中で家庭状況の大変さが見えてきました。それと同時に絵が得意であるということも知ることができました。

来室時に「ねえ、ほけんだよりに絵を描いてみらん？季節が感じられる花の絵とかがいいなあ。どう、描いてみらんね」「描けるかなあ。」「大丈夫描けるっちゃ。そうそうペンネームも入れてくれると嬉しいな」「先生、誰が描きよんち他の人に言わんでよ」「よしわかった。じゃあお願いね」

一年間、彼女はさし絵を描き続けました。「先生、ほけんだよりの絵、誰が描きよんの？」保健室に来る生徒たちが、皆そう聞きます。「秘密。それは教えられん、その人との約束やけん」「えーそうなん」でもうちの学校の生徒やろ。うまいよね」「うん、すげえうまい」そのやりとりを彼女は保健室で聞いていました。彼女の表情が日に日にやわらかくなっていきます。みんなに認められているということが自信となり、そうなっていったのかもしれません。

たかがさし絵かもしれませんが、そのさし絵で救われる生徒もいるんですよね。翌年、4月、年度頭初のほけんだよりにさし絵を描く人の募集を載せました。その時からさし絵はずっと続いています。まぁ、急いで発行しちゃった時は間に合わず、私の下手な絵が乗ったりもしますが……。（妙な自画像はよく登場します）今はそんなことがないように生徒は結構まとめて描いてくれますよ。

生きざまが出ている、ほけんだよりはイイ！

いろいろ書いてみましたが、こんなことが惹きつけるコツになるとは思いません。

『どうすれば保護者や子どもを惹きつけるほけんだよりをつくることができるのか？』このテーマに「本当に私でいいのかしら～」と職員室でさわいでいたら、隣りの席の学年長が「佐藤益美の生きざまが出ているから、ほけんだよりはいいのよ」と笑いながらいってくれました。

そうなんだろうか……。ありがとう♥

ひとつでもお役に立つことがあれば幸いです。

「ほけんだより」について

大分県内で中学校６校、小学校２校で養護教諭をしてきた著者が欠かさず発行し続けたのが「ほけんだより」です。ほけんだよりは、「コツのコツ」に書かれているように、多岐に渡る内容が盛り込まれています。その根底にあるのは「子どもたちに伝えたい！」という養護教諭である著者の熱い思いです。

毎年年度末にはお手製の合本「ほけんだより集」を著者自ら作成し、子どもたちへのプレゼントとして手渡していました。手書きのコミカルなイラストや「くすっと笑ってしまう“おまけ”」など、生徒や保護者がついつい読みたくなる仕掛け満載の誌面には、多くのファンがいました。

次のページからは、「子どもたちに伝えたい！」が詰まった、イチオシのほけんだよりを 14 枚厳選し、ご紹介します！

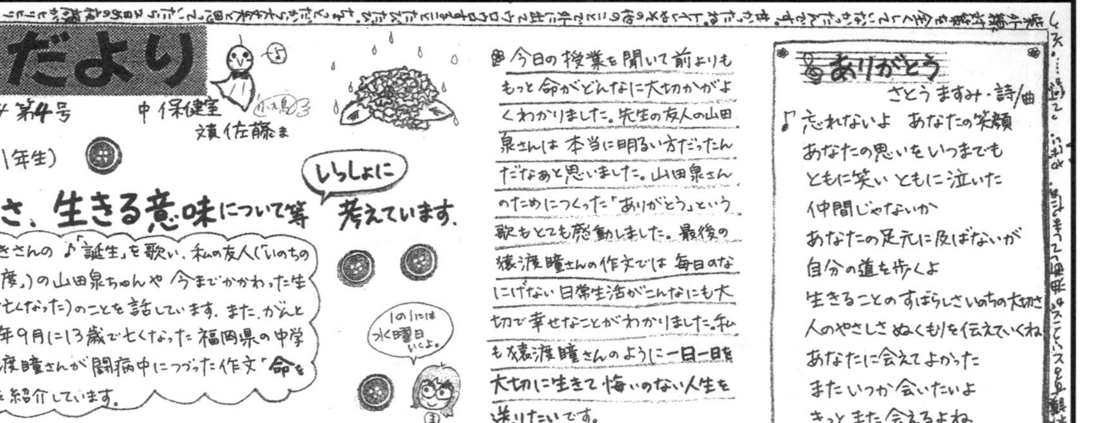

ほけんだより

NO.100614-24 第4号　中 保健室　文責 佐藤ま

いのちの授業（1年生）

命の大切さ、生きる意味について等 いっしょに 考えています。

中島みゆきさんの♪「誕生」を歌い、私の友人（「いのちの授業をもう一度」）の山田泉ちゃんや今までかかわった生徒（10代で亡くなった）のことを話しています。また、がんと闘い2004年9月に13歳で亡くなった福岡県の中学2年生、猿渡瞳さんが闘病中につづった作文「命を見つめて」を紹介しています。

❀今日の授業を聞いて前よりももっと命がどんなに大切かがよくわかりました。先生の友人の山田泉さんは本当に明るい方だったんだなあと思いました。山田泉さんのためにつくった「ありがとう」という歌もとても感動しました。最後の猿渡瞳さんの作文では毎日のなにげない日常生活がこんなにも大切で幸せなことがわかりました。私も猿渡瞳さんのように一日一日を大切に生きて悔いのない人生を送りたいです。

ありがとう　さとうますみ・詩/曲

♪忘れないよ　あなたの笑顔
あなたの思いをいつまでも
ともに笑い　ともに泣いた
仲間じゃないか
あなたの足元に及ばないが
自分の道を歩くよ
生きることのすばらしさいのちの大切さ
人のやさしさぬくもりを伝えていくね
あなたに会えてよかった
またいつか会いたいよ
きっとまた会えるよね
ありがとう　泉ちゃん

❀今日の授業ではふだんあまり気にとめない命について考えました。先生が話をしている時、思わず泣きそうになりました。ぼくが今生きていることがこんなに幸せなことに…感動しました。猿渡さんが病気になって気づいた（本当の幸せ。今生きていること）と言っていたけど、その通りだと思います。これから病気になった時、そのようなことを考えたいです。先生の友だちもみんなの前では明るくふるまっていたけど裏ではものすごく苦しんでいると思います。先生の歌も気持ちが伝わってきて体がじ〜んと（熱く）なりました。今、病気に苦しんでいる人にエールを送りたい。がんばってください。

❀先生の授業で自分の一日の過ごし方がどれだけ雑に生きていたのかとふり返りました。今日からは一日一日をとても大事に生きていきたいです。それから自分なりに人生をすごく楽しんでいきたい。

❀僕が一番感動したのは猿渡さんの作文です。病気に対して本気で闘っていることが書かれていて、改めて命の尊さを感じました。病気をしているのに「病気になってありがとう」と書かれていて一番感動しました。だから困難なことでも逃げずにがんばっていきたいです。

❀授業をしてくれてありがとうございました。今日の授業はとても感動しました。友だちの話をしている時、先生泣くかと思ったけどがまんしている先生、かっこよかったです。話を聞いて私は「いのち」がどれだけ大切かがわかりました。13歳で亡くなった人に比べたら私たちなんてめぐまれ過ぎていると思います。これからは簡単に（人にむかって）「死ね、バカ」とか言わないように努力していきたいです。歌声きれいでした。先生のいのちの授業とても楽しみにしています。またたくさん歌ってください。

❀ぼくは猿渡瞳さんの弁論を聞いて「病気になったおかげで生きていく上で一番大切なことを知ることができました。今では心から病気に感謝しています。」というところがとても心に残りました。自分が病気で苦しんだのにその自分を苦しめた病気に感謝というのはとってもすごい考え方だと思いました。今、生きているうえで楽しいこともあれば辛い時もあり、くやしい時もあれば嬉しいこともあり、いろんなことがあります。そういう時にいろんな考えを持つことが大切だと思いました。

本日のおまけ　市総体お疲れ様でした。これで部活が終わった3年生、気持ちを切りかえて、次の目標にむかってまたがんばって下さい。さて、その市総体ですが、私、佐藤は…ソフトテニス女子の顧問……経験でびっくり！おばちゃんだから!? みなさんは若いから大丈夫だと思いますが、これから益々紫外線が強くなる季節、日焼け対策をしっかりしなければ…

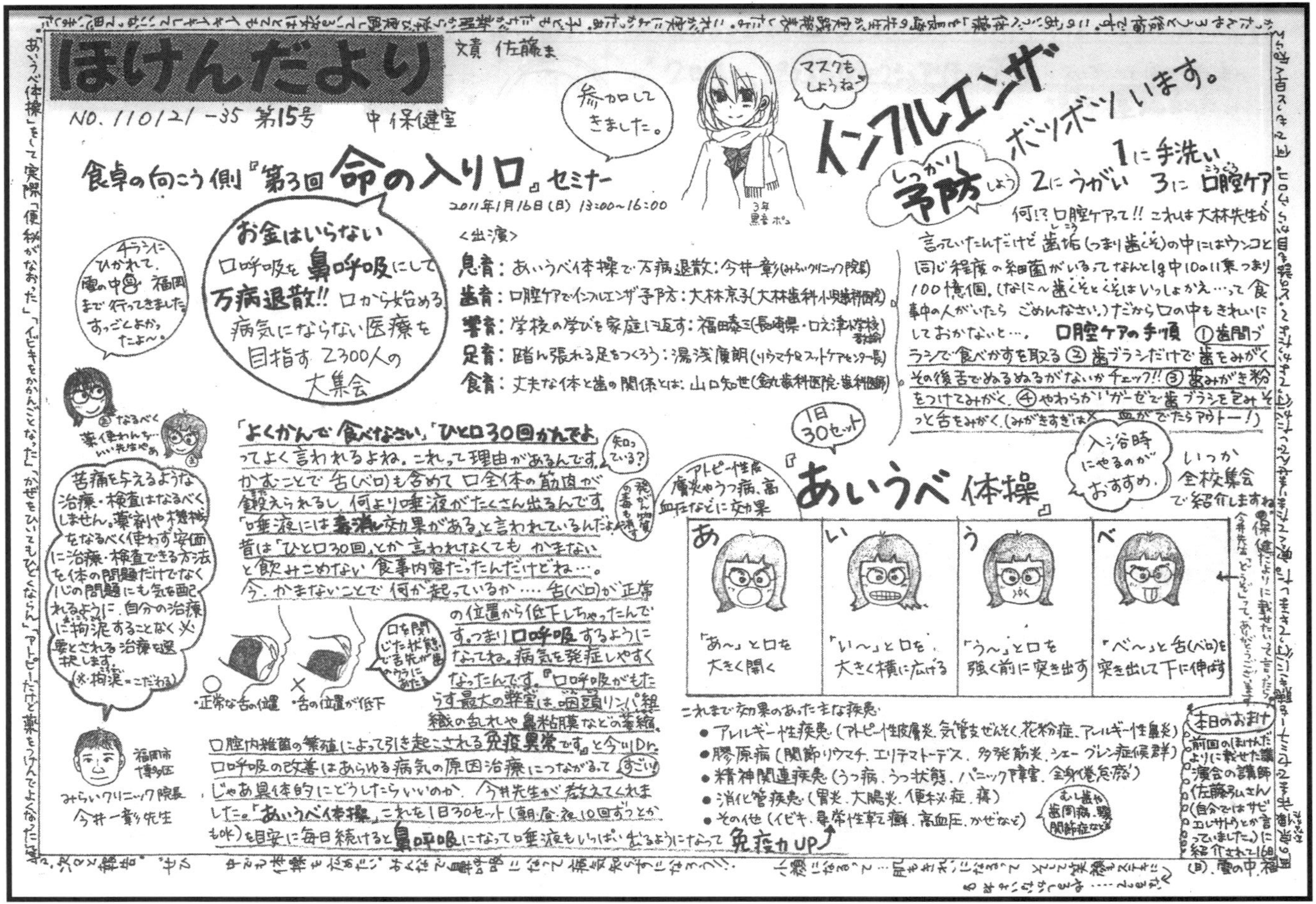

ほけんだより

文責 佐藤ま

NO. 110121－35 第15号 中 保健室

食卓の向こう側『第3回 命の入り口』セミナー

2011年1月16日（日）13:00～16:00

参加してきました。

お金はいらない
口呼吸を鼻呼吸にして
万病退散!! 口から始める
病気にならない医療を
目指す 2300人の
大集会

＜出演＞

- 息育：あいうべ体操で万病退散：今井一彰（みらいクリニック院長）
- 歯育：口腔ケアでインフルエンザ予防：大林京子（大林歯科小児歯科医院）
- 学育：学校の学びを家庭に返す：福田泰三（長崎県・口之津小学校教諭）
- 足育：踏ん張れる足をつくろう：湯浅慶朗（リウマチ＆フットケアセンター長）
- 食育：丈夫な体と歯の関係とは：山口知世（鈴木歯科医院・歯科衛生士）

チラシにひかれて、雪の中福岡まで行ってきました。すっごくよかったよ～。

なるべく薬使わんち…いい先生やあ

苦痛を与えるような治療・検査はなるべくしません。薬剤や機械をなるべく使わず安価に治療・検査できる方法を体の問題だけでなく心の問題にも気を配れるように。自分の治療に拘泥することなく必要とされる治療を選択します。（※拘泥＝こだわる）

福岡市博多区 みらいクリニック院長 今井一彰先生

「よくかんで食べなさい」「ひと口30回かんでよ」

知っている？

ってよく言われるよね。これって理由があるんです。かむことで舌（ベロ）も含めて口全体の筋肉が鍛えられるし、何より唾液がたくさん出るんです。「唾液には毒消し効果がある」と言われているんだよね。昔は「ひと口30回」とか言われなくても、かまないと飲みこめない食事内容だったんだけどね…。今、かまないことで何が起っているか…。舌（ベロ）が正常の位置から低下しちゃったんです。つまり口呼吸するようになってね。病気を発症しやすくなったんです。『口呼吸がもたらす最大の弊害は、咽頭リンパ組織の乱れや鼻粘膜などの萎縮。口腔内雑菌の繁殖によって引き起こされる免疫異常です』と今井Dr. 口呼吸の改善はあらゆる病気の原因治療につながるって（すごい!）じゃあ具体的にどうしたらいいのか、今井先生が教えてくれました。「あいうべ体操」これを1日30セット（朝・昼・夜 10回ずつとかもOK）を目安に毎日続けると鼻呼吸になって唾液もいっぱい出るようになって免疫力UP

発がん物質の毒も消す

口を閉じた状態で舌先が上の歯のうらにあたる

・正常な舌の位置　・舌の位置が低下

インフルエンザ ボツボツいます。

マスクもしようね～

しっかり予防しよう 1に手洗い 2にうがい 3に口腔ケア

何!? 口腔ケアって!! これは大林先生が言っていたんだけど歯垢（つまり歯くそ）の中にはウンコと同じ程度の細菌がいるってなんと1g中1011乗つまり100億個。（なに～歯くそとくそはいっしょかえ…って食事中の人がいたら ごめんなさい。）だから口の中もきれいにしておかないと…。

口腔ケアの手順 ①歯間ブラシで食べかすを取る ②歯ブラシだけで歯をみがく その後舌でぬるぬるがないかチェック!! ③歯みがき粉をつけてみがく。④やわらかいガーゼで歯ブラシを包みそっと舌をみがく。（みがきすぎは×。血がでたらアウトー!）

『あいうべ体操』

1日30セット

アトピー性皮膚炎やうつ病、高血圧などに効果

入浴時にやるのがおすすめ。

いつか全校集会で紹介しますね

あ	い	う	べ
「あ～」と口を大きく開く	「い～」と口を大きく横に広げる	「う～」と口を強く前に突き出す	「べ～」と舌（ベロ）を突き出して下に伸ばす

保健だよりに載せたいって言ったら今井先生は「どうぞ」って。ありがとうございます

これまで効果のあったおもな疾患

- アレルギー性疾患（アトピー性皮膚炎、気管支ぜんそく、花粉症、アレルギー性鼻炎）
- 膠原病（関節リウマチ、エリテマトーデス、多発筋炎、シェーグレン症候群）
- 精神関連疾患（うつ病、うつ状態、パニック障害、全身倦怠感）
- 消化管疾患（胃炎、大腸炎、便秘症、痔）
- その他（イビキ、尋常性乾癬、高血圧、かぜなど）

むし歯や歯周病、顎関節症など

本日のおまけ 前回のほけんだよりに載せた講演会の講師（佐藤ムさん（自分ではサゼエとサトウとか言っていました。）に紹介されて16日（日）、雪の中、福…

「あいうべ体操」をして実際「便秘がなおった」「イビキをかかんごとなった」「かぜをひいてもひどくならん」「アトピーだけど薬をつけんでよくなった」…

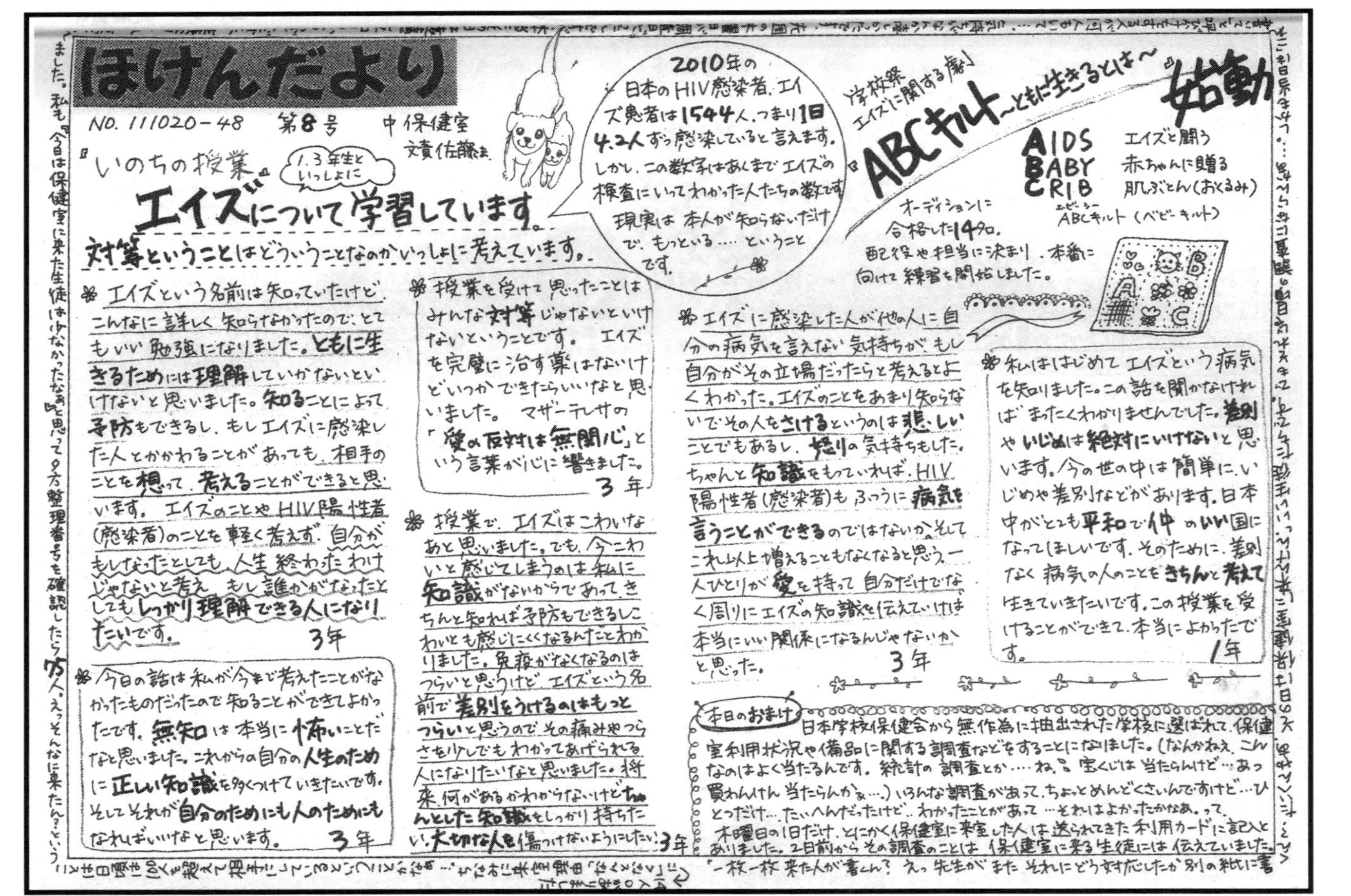

ほけんだより

NO. 111020－48　第8号　中保健室　文責 佐藤

『いのちの授業』（1，3年生といっしょに）

エイズについて学習しています。

対等ということはどういうことなのかいっしょに考えています。

❀エイズという名前は知っていたけど、こんなに詳しく知らなかったので、とてもいい勉強になりました。**ともに生きるため**には**理解**していかないといけないと思いました。**知る**ことによって**予防**もできるし、もしエイズに感染した人とかかわることがあっても、相手のことを**想**って、**考える**ことができると思います。エイズのことやHIV陽性者（感染者）のことを軽く考えず、自分がもしなったとしても、人生終わったわけじゃないと考え、もし誰かがなったとしても**しっかり理解できる人になりたい**です。　3年

❀今日の話は私が今まで考えたことがなかったものだったので知ることができてよかったです。**無知**は本当に**怖い**ことだなと思いました。これからの自分の**人生のため**に**正しい知識**を多くつけていきたいです。そしてそれが**自分のためにも人のためにも**なればいいなと思います。　3年

❀授業を受けて思ったことは、みんな**対等**じゃないといけないということです。エイズを完璧に治す薬はないけど、いつかできたらいいなと思いました。マザーテレサの「**愛の反対は無関心**」という言葉が心に響きました。　3年

❀授業で、エイズはこわいなあと思いました。でも、今こわいと感じてしまうのは私に**知識**がないからであって、きちんと知れば予防もできるし、こわいとも感じにくくなるんだとわかりました。免疫がなくなるのはつらいと思うけど、エイズという名前で**差別をうけるのはもっとつらい**と思うので、その痛みやつらさを少しでもわかってあげられる人になりたいなと思いました。将来、何があるかわからないけど、**ちゃんとした知識**をしっかり持ちたい。**大切な人を傷つけないようにしたい**！　3年

❀エイズに感染した人が他の人に自分の病気を言えない気持ちが、もし自分がその立場だったらと考えるとよくわかった。エイズのことをあまり知らないでその人を**さける**というのは**悲しい**ことでもあるし、**怒り**の気持ちもした。ちゃんと**知識**をもっていれば、HIV陽性者（感染者）もふつうに**病気を言うことができる**のではないか。そしてこれ以上増えることもなくなると思う。一人ひとりが**愛**を持って自分だけでなく周りにエイズの知識を伝えていけば本当にいい関係になるんじゃないかと思った。　3年

2010年の日本のHIV感染者、エイズ患者は**1544**人、つまり1日**4.2人**ずつ感染していると言えます。しかし、この数字はあくまでエイズの検査にいってわかった人たちの数です。現実は本人が知らないだけで、もっといる……ということです。

学校祭「エイズに関する劇」

『ABCキルト～ともに生きるとは～』始動

AIDS　エイズと闘う
BABY　赤ちゃんに贈る
CRIB　肌ぶとん（おくるみ）
ABCキルト（ベビーキルト）

オーディションに合格した14名。配役や担当に決まり、本番に向けて練習を開始しました。

❀私ははじめてエイズという病気を知りました。この話を聞かなければまったくわかりませんでした。**差別**や**いじめは絶対にいけない**と思います。今の世の中は簡単に、いじめや差別などがあります。日本中がとても**平和**で**仲**のいい国になってほしいです。そのために、差別なく病気の人のことを**きちんと考えて**生きていきたいです。この授業を受けることができて、本当によかったです。　1年

本日のおまけ　日本学校保健会から無作為に抽出された学校に選ばれて、保健室利用状況や備品に関する調査などをすることになりました。（なんかねえ、こんなのはよく当たるんです。統計の調査とか……ね。宝くじは当たらんけど…あっ買わんけん当たらんかぁ…）いろんな調査があって、ちょっとめんどくさいんですけど…ひとつだけ…たいへんだったけど…わかったことがあって…それはよかったかなあ。って。
木曜日の1日だけ、とにかく保健室に来室した人は送られてきた利用カードに記入とありました。2日前からその調査のことは保健室に来る生徒には伝えていました。「一枚一枚来た人が書くん？　えっ先生がまたそれにどう対応したか別の紙に書

ました。私も「今日は保健室に来た生徒は少なかったなあ」と思って夕方整理番号を確認したら75人。えっそんなに来たん？という

ほけんだより

文責 佐藤ま

NO13.12.20－92 第12号　中 保健室

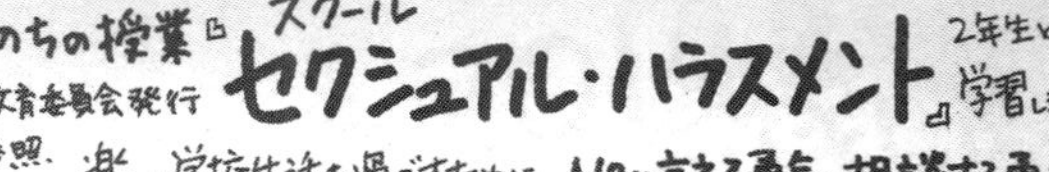

冬休みの 健康生活

規則正しい生活を！
生活リズムをくずさないで♪
冬休みだって 早寝 早起き

食べ過ぎに注意!!
クリスマスやお正月、おいしいものがいっぱい
く、くくるしい
もちを食べ過ぎたあ
妊婦じゃないよ。

誘われても断ります！
お酒・タバコ……
のめ～～
ぼくはいりません。

積極的に体を動かそう
手伝いをしよう
こたつと仲よくならないでね。

事故に注意しよう
携帯電話の扱いを考えて!!
あっ

治療検査も忘れずに
気持ちよく、新しい年をむかえよう
歯が痛い～～
歯医者に行っておけばよかった……
by 受験生

ひき続き
かぜ・インフルエンザ予防！

外出の時はマスクを!!

うがい・手洗い・栄養・運動・人混みを避ける…そして**あいうべ体操**

人混みにでかけることの多い冬休み。大勢の人が集まるところには、ばい菌やウイルスもたくさんいます。どうせ学校休みだし～といって気を抜かないでくださいね。ウイルスは乾燥が大好きです。室内の湿度を保ちましょう。部屋の中は寒いので重ね着をしましょう。下着を着ると温かさが4℃上がります。

冬休み中もしインフルエンザやノロウイルスなどによる感染性胃腸炎になったら担任へ連絡を!!

いのちの授業『スクール セクシュアル・ハラスメント』2年生と学習しました。
大分県教育委員会発行資料参照。

楽しい学校生活を過ごすために NOと言える勇気・相談する勇気

☆授業でセクハラについて学んだ。「セクシュアル・ハラスメント」という言葉からできていることも、「性的いやがらせ」という意味も知らなかった。「イヤなイヤという」というのは大事だとわかっていても、きっと出来ないと思う。だけど、周りにはたくさん人はいるし、信用できる人もいると思うから悩まず、相談することが大切なんだと感じた。傷ついている人（性暴力）が何万人もいることに驚いたし、多過ぎると思った。そして、それを癒そうとがんばっても傷を治していくには時間がかかり、そしてとても難しいことを知った。相手の気持ちを考えながら話すというのは難しいけれど、相手が傷ついて治ることの難しさと比べれば何てことないし、不可能でもないと思う。

☆私が今日の授業で思ったことは、自分には権利があるということです。自分の気持ちを正直にしっかりと言うことは大切だと思いました。また相談できる場所や信頼できる先生がいることはとてもいいことなんだと改めて感じることができました。益美先生が作った歌からも人の大切さを学ぶことができました。(対等)自分も大事だけど、相手も大事という気持ちを大切にしたいです。

☆人間には**権利**があります。イヤなことをされた時は**やめて**という権利があります。僕は今日の授業を聞いて、やっぱり**人を大切**にしないといけないと思いました。だから、他人にイヤなことをしないことや、人がイヤなことをされている時は**見て見ぬふりはしない**ようにしたいです。

☆私は今回の授業で初めて知ったことがたくさんありました。**性暴力**で苦しんでいる人がたくさんいるということです。セクハラは私もあう可能性がゼロとは言い切れないので、**NOと言える勇気**をもって、これからの生活をがんばっていきたいです。たった1回のできごとでずっと苦しんでいる人がいることを知りました。たった1回というのがどれほど、その人に影響を与えるのかということを知りました。「自分が悪いの？」とされた方が悩んでしまう。そんな社会はおかしいと思います。今日のこの1時間はすごくいいに残った時間でした。

本日のおまけ
2013年が終わろうとしています。みなさんにとってどんな年でしたか？私はいろんな出会いの中で考えさせられたり、学ばせてもらったり……今、生きていることに感謝です。先週の岩手県の校長先生の話もジーンときました。大分だっていつ大地震がくるかわかりません。今できることをせいいっぱいやっていこう そう思う毎日です。ではみなさん お元気で、よいお年を!!

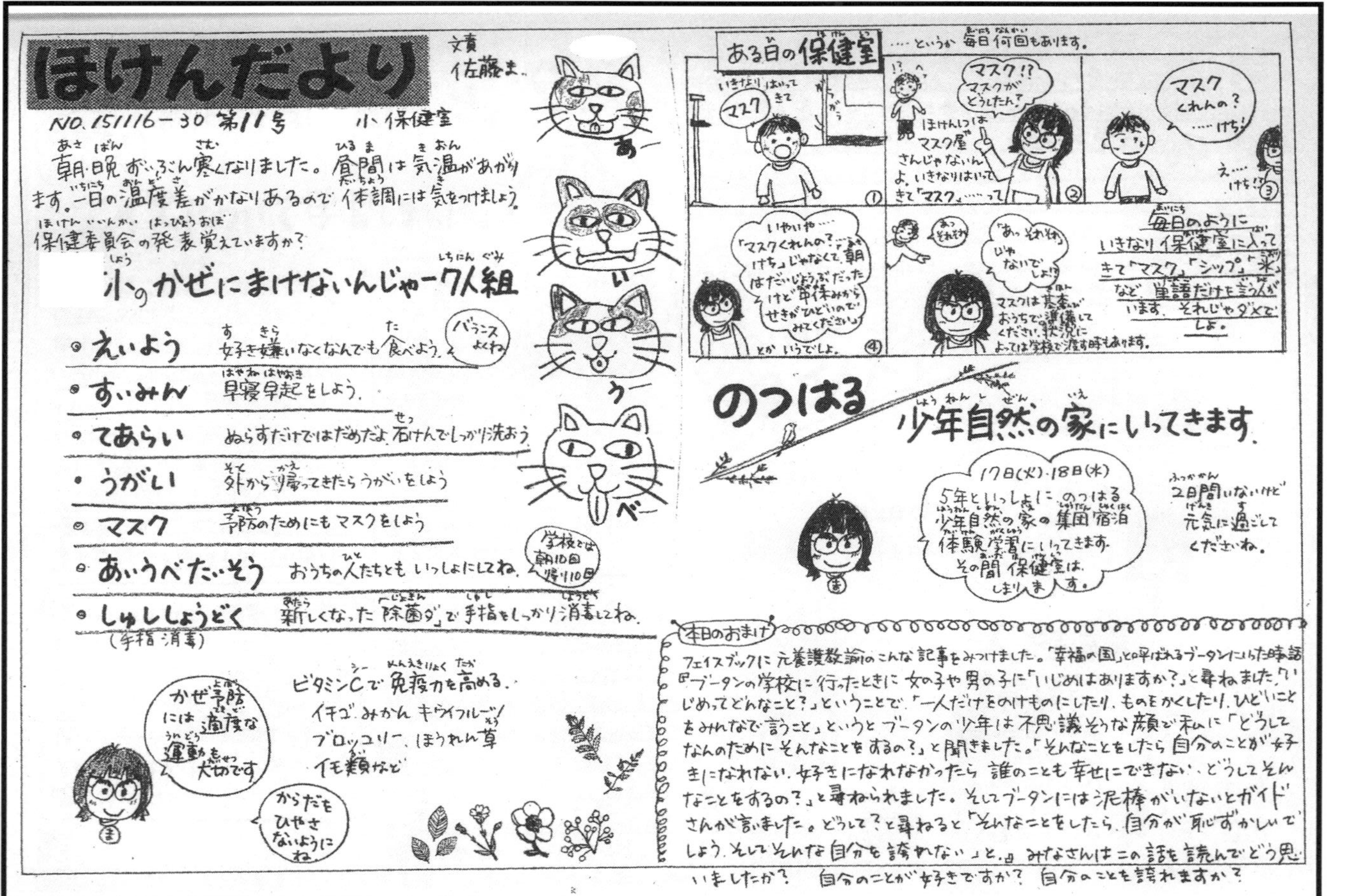

ほけんだより

文責 佐藤ま.

NO.151116－30 第11号　小 保健室

朝晩ずいぶん寒くなりました。昼間は気温があがります。一日の温度差がかなりあるので体調には気をつけましょう。

保健委員会の発表覚えていますか？

小のかぜにまけないんじゃー7人組

- ◎えいよう　好き嫌いなくなんでも食べよう。（バランスよくね）
- ◎すいみん　早寝早起をしよう。
- ◎てあらい　ぬらすだけではだめだよ 石けんでしっかり洗おう
- ・うがい　外から帰ってきたらうがいをしよう
- ◎マスク　予防のためにもマスクをしよう
- ◎あいうべたいそう　おうちの人たちともいっしょにしてね。（学校では朝10回帰り10回）
- ◎しゅししょうどく（手指消毒）　新しくなった「除菌ダ」で手指をしっかり消毒してね。

ビタミンCで免疫力を高める。
イチゴ、みかん、キウイフルーツ、ブロッコリー、ほうれん草、イモ類など

ある日の保健室

……というか毎日何回もあります。

毎日のように いきなり保健室に入ってきて「マスク」「シップ」「氷」など、単語だけを言う人がいます。それじゃダメでしょ。

のつはる　少年自然の家にいってきます。

17日(火)・18日(水) 5年といっしょに、のつはる少年自然の家の集団宿泊体験学習にいってきます。その間 保健室はしまります。

2日間いないけど元気に過ごしてくださいね。

本日のおまけ

フェイスブックに元養護教諭のこんな記事をみつけました。「幸福の国」と呼ばれるブータンにいた時の話『ブータンの学校に行ったときに女の子や男の子に「いじめはありますか？」と尋ねました。「いじめってどんなこと？」ということで、「一人だけをのけものにしたり、ものをかくしたり、ひどいことをみんなで言うこと」というとブータンの少年は不思議そうな顔で私に「どうしてなんのためにそんなことをするの？」と聞きました。「それなことをしたら自分のことが好きになれない。好きになれなかったら誰のことも幸せにできない。どうしてそんなことをするの？」と尋ねられました。そしてブータンには泥棒がいないとガイドさんが言いました。どうして？と尋ねると「それなことをしたら、自分が恥ずかしいでしょう。そしてそれな自分を誇れない」と。』みなさんはこの話を読んでどう思いましたか？　自分のことが好きですか？　自分のことを誇れますか？

ほけんだより

NO.170116－52 第14号　小保健室　文責 佐藤ま

2017年がはじまりました。

さあ、みなさんにとってこの1年、どんな年にしたいですか？ とにかく何をするのも健康第一。今年も「ほけんだより」、健康に役立つ情報をたくさん載せたいです。

インフルエンザ流行！？

昨年より3週間くらい早くインフルエンザが増えているとニュースでいっていました。（小本日（1/10）インフルエンザの人はいません）

手洗い・うがい・マスク・あいうべ体操で予防しよう。

じょうずに寒さをのりきろう！

ポイント1
下着をちゃんと着る。

ポイント2
首・手首・足首をあたたかくする

プラス2℃の保温効果

下着を着ると、上着との間にあたたかな空気がたまるためポカポカ体があたたかくなるよ。その保温効果はなんと2℃（すごい!!）上着の重ね着をするより一枚の下着で快適に過ごそう。

厚着をするより下着を着よう

子どものしもやけ

子どもはしもやけになりやすい!!

子どもがしもやけになる原因

寒い時期に手足などを冷やしてしまい、血行が悪くなってしまうことでしもやけになります。特に昼と夜の気温差が激しい時や、外遊びなどをして足や手が蒸れた状態をほっておくとなりやすいです。子どもは大人とくらべて免疫力や自己調整機能が劣っています。

子どものしもやけの予防法

それは足の指

これは地面から近いし、もっとも冷えが起こりやすい場所だからです。足の指のしもやけの防ぎ方は夏と冬の靴をかえること。大人は冬、ブーツとかはくのに、子どもは夏も冬も同じ靴。足元が冷えてしまいます。外に出かける時は手袋やニット帽も忘れずに。お風呂は湯船につかって、血液のめぐりをよくすることでしもやけが防げます。

しもやけの治し方

- 温かいお湯（38℃くらい）に足をつけて温める
- 軟こうなどの塗薬　しもやけやあかぎれによくきく軟膏をぬってください。
- 病院に行く　凍傷ですからひどい時は病院へ。

ある日の保健室

って春までまてないよね。左参考にしてね。

本日のおまけ　2017年、みなさん、今年もよろしくお願いします。正月明け、はじめて観た映画は『この世界の片隅に―昭和20年、広島県 わたしはここで生きている―』戦争によって様々なものが欠乏する中で家族の毎日の食卓を守り……

……だと思っていた父、機銃掃射を目撃した母、あの戦争を乗り越えて二人が出会い、私がいる。映画を観ながら、命をつないでくれた人々に感謝……

ほけんだより

No. 190108-88 第16号　小 保健室

文責 佐藤ま

真珠湾 パールハーバーに行ってきました。平和を祈って

パールハーバーの「太平洋航空博物館」「戦艦ミズーリ」「パールハーバー・ビジターセンター」等を訪れました。

やっほー2019年

さあ～ 新しい年が始まったよ。

今年はどんな年になるかなで　みんなはどんな1年にしたいかな？

私（佐藤益美）はみんなにもっともっといのちのことやからだのこと、そして生きることについて話したいです。

そして個人的にはウクレレが弾けるようになりたいなあ～♪アロハ～

昨年12月7日(金)の平和集会で真珠湾攻撃の話を聞いたので、より真珠湾に行きたいと思いました。時差があるので、攻撃を受けた現地は1941年12月7日午前8時過ぎでした。

◎太平洋航空博物館

第二次世界大戦中に使用された格納庫を利用しています。多くの航空機（戦闘機!?）日本の零戦を見ました。地元にての小学生が見学学習しているのが印象的でした。

見上げた窓にパールハーバー攻撃の痕跡を見つけ、当時のことをより身近に感じ涙がこぼれました。

操縦席にすわってハイ パチリ

◎戦艦ミズーリ

アメリカ海軍の戦艦。太平洋戦争での日本の降伏調印式場となった戦艦です。

私がミズーリで一番印象を受けた話は1945年4月11日午後、1機の神風特攻機がミズーリに向けて突入し右舷艦尾付近に衝突したこと。日本の二等兵の遺体の一部が40mm機銃座から回収され、ミズーリのウィリアム・キャラハン艦長は、この二等兵を名誉を持って自らの任務を全うしたとして、海軍式の水葬で弔うことを決定しました。乗組員からは反対もあったようですが、艦長の命令による翌日水葬がとり行われたということです。日本の兵士に対して、国のために戦ったと、艦上で葬儀を行ったことを私は知りませんでした。戦争中の艦長の行動に胸があつくなりました。

突入直前の写真があるのにびっくり!!

◎パールハーバー・ビジターセンター

- びっくり!! 回天（太平洋戦争で大日本帝国海軍が開発した人間魚雷、日本軍の特攻兵器）が展示されてました。

（大分県の日出町にも基地があった… 日本の4か所のひとつ）

全長14.7m 直径1m、この中に一人乗って出撃。攻撃の成否にかかわらず命はなかった。

- シアターでドキュメンタリー映像（すべて英語でした…。）をみて、海軍の運営するアリゾナ記念碑へシャトルボートに乗って。

アリゾナ記念碑は沈没したアメリカ海軍船アリゾナの船体の上に建てられている。

上からみたら十字架

ホノルル国際空港の名前がダニエル・K・イノウエ国際空港にかわりました。イノウエさんは日系人の国会議員として人種差別の撤廃に奮闘された人です。（戦争中の行動もすごい）戦後77年日本は1度も戦争をしていないが、アメリカは今、中東で21回目の戦争をしている。それは石油にからむこと。日本も無関係ではない…。

日系人のガイドのおじさん

本日のおまけ

がんばるぞ～

先月、昨年の1月のほけんだよりで宣言したホノルルマラソンに参加して来ました。無謀だったな…と35km過ぎ…ほとんど準備もなく、いきおいのまま行ったので、すご～く反省をしました。でも、日本で応援してくれている人たちの顔が浮かび、なんとか42.195kmゴールすることができました。ハワイの太陽をあびて、顔はかなり焼けてしまいました。スタートは朝5時、4時頃スタート近くをウロウロしていたらフォークシンガーの高石

77歳。ホノルルマラソン2018年46回大会に彼は今回42回目の出場（一緒に写真とってもらいました）すごいな……私なんて初だよ。でも次はちゃんとトレーニングして参加したい。平和を感じながら参加したい…そう思いました。

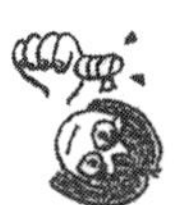

ほけんだより

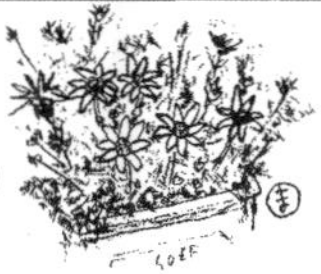

No190418　第2号　小 保健室 文責佐藤

4月23日(火)提出日 朝8:45まで 保健室

尿検査があります。

おしっこの検査はからだの中でいらなくなったものと、水分を外に出すためのおしっこに、蛋白や糖、血液などのからだに必要なものまでいっしょにまじっていないかを調べます。この検査を受けることで、腎臓や膀胱に治療が必要な病気がないか、糖尿病という病気がないかを調べることができます。
痛くもないし、簡単に受けられます。安全な検査です。

腎臓はあなたの体を正常な状態に保つ大切な臓器です。

腎臓の4つの役割
① 尿を作る
② 体の中のバランスを整える
③ 血圧を調整する
④ ホルモンを作る

腎臓検診の流れ

1次検診	1次スクリーニング	蛋白・潜血・糖	全校児童対象 ※学校で尿を回収
	2次スクリーニング	蛋白・潜血・糖・尿沈査	1次スクリーニング陽性者及び経過観察者対象 ※後日 学校で尿回収
2次検診	尿検査(蛋白・潜血・糖沈査)血圧測定・血液検査		1次検診の結果、詳しい検査が必要な児童が対象 ※保護者同伴で病院検診となります
精密検査	2次検診の結果、精密検査が必要な場合は専門医へ		

検査結果が陽性!?

1回目のおしっこの検査で異常が出たとしても、すぐに病気だとは決めつけられません。腎臓の病気でなくても、おしっこに血液や蛋白が混じることもありますし、その日だけたまたまそんな結果が出てしまうこともあります。そこで、1回目の検査で陽性となった人と経過観察の人は後日、さらに詳しく検査をします。(日程は　お知らせします。)

おしっこのとり方

〈配っているもの〉 紙コップ　スピッツ（ふた）

① 目がさめたら、紙コップとスピッツを持ってトイレに行きます。朝、一番最初のおしっこをとります。
※朝、最初に出るおしっこは、眠っている間に作られるので、運動などの影響がなく正確に検査することができます。

② ではじめのおしっこを少し流してから、紙コップにとります。
※尿道にたまっているおしっこは前の日の残りなので、検査に向いていません。

③ スピッツの10の目盛りまでおしっこを入れてしっかり栓をします。

注意事項
1. 4月22日の夕方からはジュース類や甘いものをひかえ、夕食後は間食をしないようにしましょう。
2. 寝る前に必ずおしっこにいきましょう。
3. 月経中の人は担任まで連絡してください。今回、おしっこを出せなかった人と、検査結果が陽性だった人は、もう一度おしっこを集めます。連休があるので、提出日は後日お知らせします。
※使用していないスピッツは保管しておいてください。
4. 一週間以内に連絡がなかった場合は異常なしです。

本日のお話　NHK朝の連続テレビ小説100作目の「なつぞら」が始まりました。学校に通っているとなかなかリアルタイムで見られないが…。子役たちもすばらしいけど、草刈さんのおじいさん役も興味深い。俺が主人公のなつとアイスクリームを食べている時の言葉が私の心に妙に残る。「ちゃんと働けばちゃんといつか報われる日が来る。報われなければ働き方が悪いか、働かせる者が悪いんだ。だから そんなときはとっとと逃げ出せばいい。だが一番悪いのは、人が何とかしてくれると思って待っていることだ。人は人をアテにする者を助けたりはせん。自分の力を信じて働いていればきっと誰かが助けてくれる」そう……かぁ　自分の力を信じて働く……そうだね。

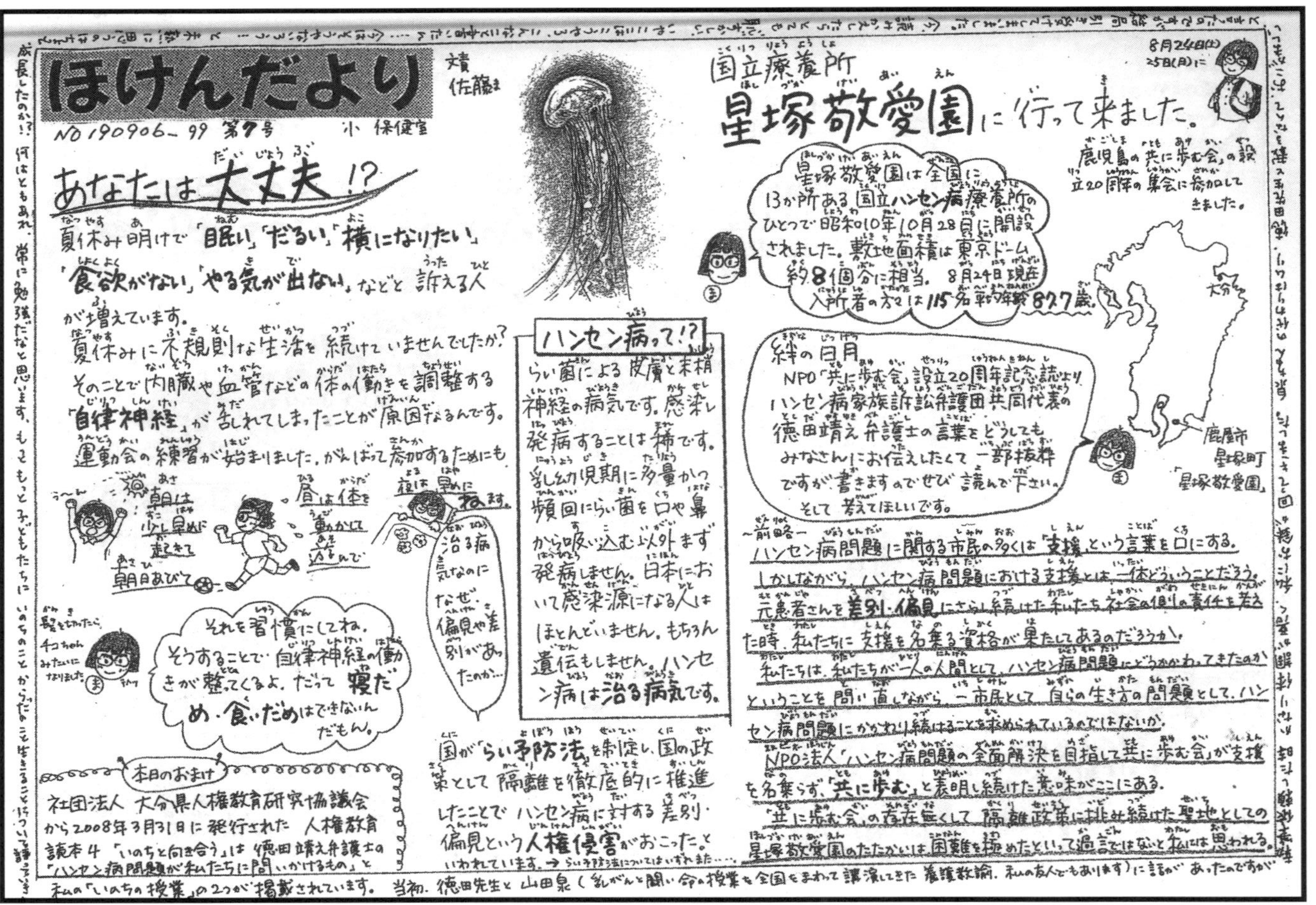

ほけんだより

文責 佐藤ま

NO190906–99 第7号　小 保健室

あなたは大丈夫!?

夏休み明けで「眠い」「だるい」「横になりたい」「食欲がない」「やる気が出ない」などと訴える人が増えています。

夏休みに不規則な生活を続けていませんでしたか？その事で内臓や血管などの体の働きを調整する「自律神経」が乱れてしまったことが原因なるんです。

運動会の練習が始まりました。がんばって参加するためにも

髪を切ったら、チコちゃんみたいになりました（ま）

それを習慣にしてね。そうすることで、自律神経の働きが整ってくるよ。だって寝ため・食いだめはできないんだもん。

ハンセン病って!?

らい菌による皮膚と末梢神経の病気です。感染し発病することは稀です。乳幼児期に多量かつ頻回にらい菌を口や鼻から吸い込む以外まず発病しません。日本において感染源になる人はほとんどいません。もちろん遺伝もしません。ハンセン病は治る病気です。

国が「らい予防法」を制定し、国の政策として隔離を徹底的に推進したことでハンセン病に対する差別・偏見という人権侵害がおこった。といわれています。→らい予防法についてはいずれまた……

本日のおまけ

社団法人 大分県人権教育研究協議会から2008年3月31日に発行された 人権教育読本4「いのちと向き合う」は 徳田靖之弁護士の「ハンセン病問題が私たちに問いかけるもの」と

国立療養所 星塚敬愛園に行って来ました。

8月24日(土) 25日(月)に

鹿児島の「共に歩む会」の設立20周年の集会に参加してきました。

星塚敬愛園は全国に13か所ある国立ハンセン病療養所のひとつで、昭和10年10月28日に開設されました。敷地面積は東京ドーム約8個分に相当。8月24日現在入所者の方々は115名 平均年齢82.7歳。

絆の日月

NPO「共に歩む会」設立20周年記念誌より ハンセン病家族訴訟弁護団共同代表の徳田靖之弁護士の言葉をどうしてもみなさんにお伝えしたくて一部抜粋ですが、書きますのでぜひ読んで下さい。そして考えてほしいです。

～前略～

ハンセン病問題に関する市民の多くは「支援」という言葉を口にする。しかしながら、ハンセン病問題における支援とは一体どういうことだろう。元患者さんを差別・偏見にさらし続けた私たち社会の側の責任を考えた時、私たちに支援を名乗る資格が果たしてあるのだろうか。私たちは、私たちが一人の人間として、ハンセン病問題にどうかかわってきたのかということを問い直しながら、一市民として、自らの生き方の問題として、ハンセン病問題にかかわり続けることを求められているのではないか。NPO法人「ハンセン病問題の全面解決を目指して共に歩む会」が支援を名乗らず、「共に歩む」と表明し続けた意味がここにある。「共に歩む会」の存在無くして隔離政策に挑み続けた聖地としての星塚敬愛園のたたかいは困難を極めたといって過言ではないと私には思われる。

私の「いのちの授業」の2つが掲載されています。当初、徳田先生と山田泉（乳がんと闘い命の授業を全国をまわって講演してきた養護教諭。私の友人でもあります）に話があったのですが

成長したのか!? 何はともあれ、常に勉強だなと思います。もっともっと子どもたちにいのちのことからだのこと生きることについて語っていき

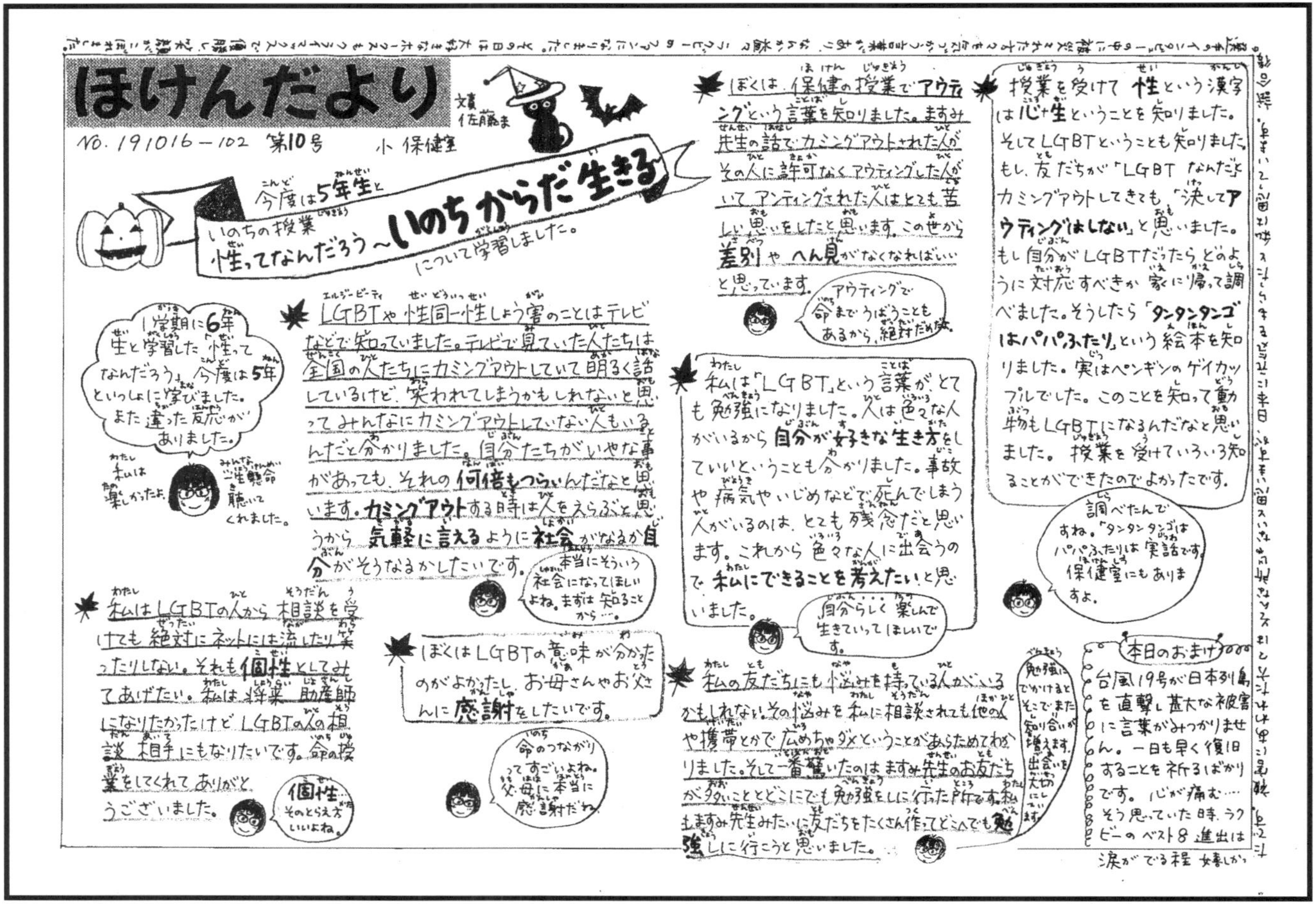

ほけんだより

文責 佐藤ま

No. 191016－102 第10号 小 保健室

今度は5年生と いのちの授業 性ってなんだろう～いのちからだ生きる について学習しました。

1学期に6年生と学習した「性ってなんだろう」今度は5年といっしょに学びました。また違った反応がありました。

私は楽しかったよ。

みんな一生懸命聴いてくれました。

LGBTや性同一性しょう害のことはテレビなどで知っていました。テレビで見ていた人たちは全国の人たちにカミングアウトしていて明るく話しているけど、笑われてしまうかもしれないと思ってみんなにカミングアウトしていない人もいるんだと分かりました。自分たちがいやな事があっても、それの何倍もつらいんだなと思います。カミングアウトする時は人をえらぶと思うから気軽に言えるように社会がなるか自分がそうなるかしたいです。

本当にそういう社会になってほしいよね。まずは知ることから…。

私はLGBTの人から相談を受けても絶対にネットには流したり笑ったりしない。それも個性としてみてあげたい。私は将来助産師になりたかったけどLGBTの人の相談相手にもなりたいです。命の授業をしてくれてありがとうございました。

個性…そのとらえ方いいよね。

ぼくはLGBTの意味が分かったのがよかったし、お母さんやお父さんに感謝をしたいです。

命のつながりってすごいよね。父・母に本当に感謝だね。

ぼくは、保健の授業でアウティングという言葉を知りました。ますみ先生の話でカミングアウトされた人がその人に許可なくアウティングした人がいてアンティングされた人はとても苦しい思いをしたと思います。この世から差別やへん見がなくなればいいと思っています。

アウティングで命までうばうこともあるから、絶対だめだね。

私は「LGBT」という言葉がとても勉強になりました。人は色々な人がいるから自分が好きな生き方をしていいということも分かりました。事故や病気やいじめなどで死んでしまう人がいるのは、とても残念だと思います。これから色々な人に出会うので私にできることを考えたいと思いました。

自分らしく楽しんで生きていってほしいです。

私の友だちにも悩みを持っている人がいるかもしれない。その悩みを私に相談されても他の人や携帯とかで広めちゃダメということがあらためてわかりました。そして一番驚いたのはますみ先生のお友だちが多いことと、どこにでも勉強をしに行った所です。私もますみ先生みたいに友だちをたくさん作ってどこへでも勉強しに行こうと思いました。

勉強にでかけるとそこでまた知り合いが増えます。出会いを大切にしています。

授業を受けて性という漢字は心＋生ということを知りました。そしてLGBTということも知りました。もし、友だちが「LGBTなんだ」とカミングアウトしてきても「決してアウティングはしない」と思いました。もし自分がLGBTだったらどのように対応すべきか家に帰って調べました。そうしたら「タンタンタンゴはパパふたり」という絵本を知りました。実はペンギンのゲイカップルでした。このことを知って動物もLGBTになるんだなと思いました。授業を受けていろいろ知ることができたのでよかったです。

調べたんですね。「タンタンタンゴはパパふたり」は実話です。保健室にもありますよ。

本日のおまけ

台風19号が日本列島を直撃し甚大な被害に言葉がみつかりません。一日も早く復旧することを祈るばかりです。心が痛む…そう思っていた時、ラグビーのベスト8進出は涙がでる程嬉しかっ

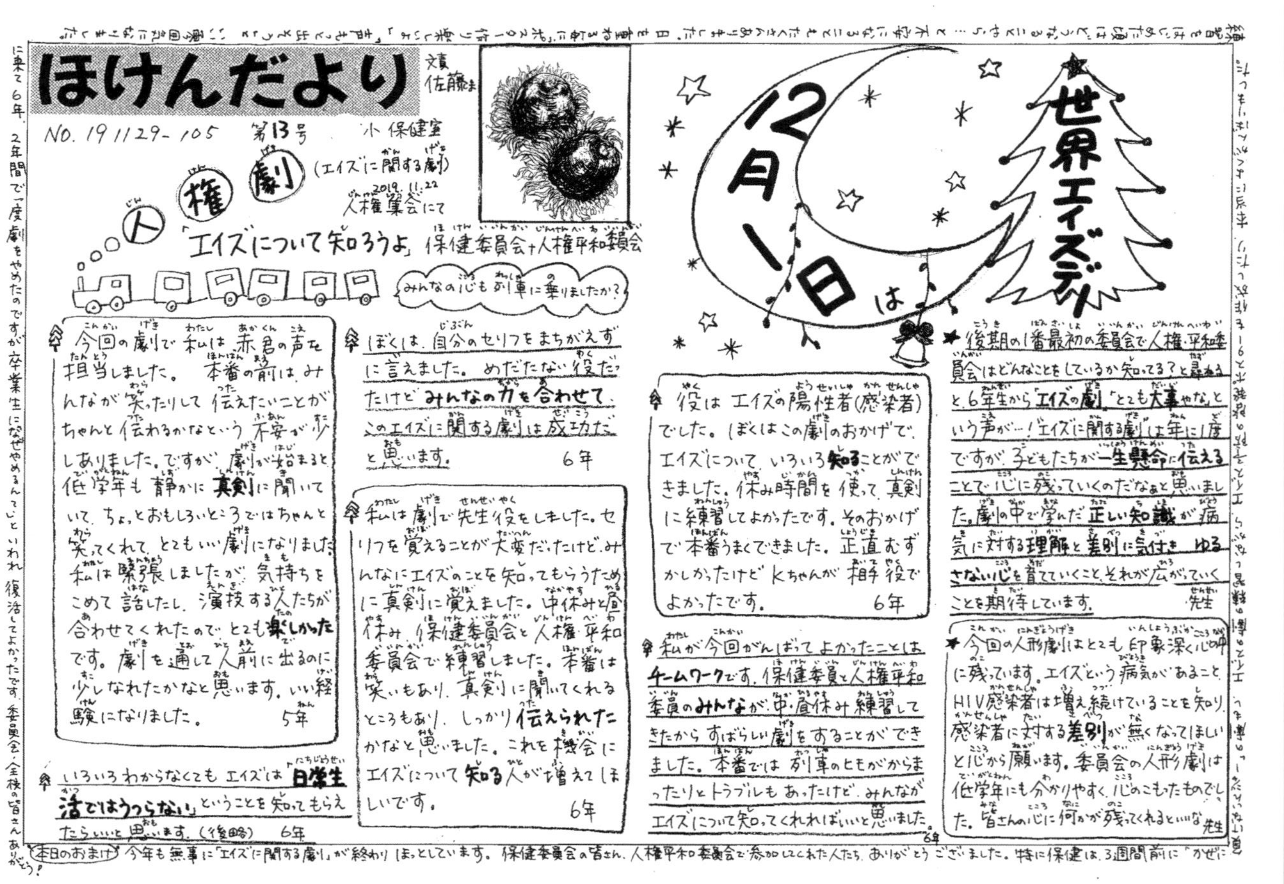

ほけんだより

文責 佐藤

NO. 191129-105 第13号 小 保健室

人権劇（エイズに関する劇）
2019.11.22 人権集会にて

「エイズについて知ろうよ」保健委員会＋人権平和委員会

みんなの心も列車に乗りましたか？

今回の劇で私は赤君の声を担当しました。本番の前はみんなが笑ったりして伝えたいことがちゃんと伝わるかなという不安が少しありました。ですが、劇が始まると低学年も静かに真剣に聞いていて、ちょっとおもしろいところではちゃんと笑ってくれて、とてもいい劇になりました。私は緊張しましたが、気持ちをこめて話したし、演技する人たちが合わせてくれたので、とても楽しかったです。劇を通して人前に出るのに少しなれたかなと思います。いい経験になりました。 5年

いろいろわからなくてもエイズは「日常生活ではうつらない」ということを知ってもらえたらいいと思います。（後略） 6年

ぼくは、自分のセリフをまちがえずに言えました。めだたない役だったけど、みんなの力を合わせて、このエイズに関する劇は成功だと思います。 6年

私は劇で先生役をしました。セリフを覚えることが大変だったけど、みんなにエイズのことを知ってもらうために真剣に覚えました。中休みと昼休み、保健委員会と人権平和委員会で練習しました。本番は笑いもあり、真剣に聞いてくれるところもあり、しっかり伝えられたかなと思いました。これを機会にエイズについて知る人が増えてほしいです。 6年

12月1日は世界エイズデー

役はエイズの陽性者（感染者）でした。ぼくはこの劇のおかげで、エイズについていろいろ知ることができました。休み時間を使って真剣に練習してよかったです。そのおかげで本番うまくできました。正直むずかしかったけど、Kちゃんが相手役でよかったです。 6年

私が今回がんばってよかったことはチームワークです。保健委員と人権平和委員のみんなが、中・昼休み練習してきたから、すばらしい劇をすることができました。本番では列車のヒモがからまったりとトラブルもあったけど、みんながエイズについて知ってくれればいいと思いました。 6年

後期の1番最初の委員会で「人権・平和委員会はどんなことをしているか知ってる？」と尋ねると、6年生から「エイズの劇」「とても大事やな」という声が…！「エイズに関する劇」は年に1度ですが、子どもたちが一生懸命に伝えることで、心に残っていくのだなぁと思いました。劇の中で学んだ正しい知識が病気に対する理解と差別に気付き、ゆるさない心を育てていくこと、それが広がっていくことを期待しています。 先生

今回の人形劇はとても印象深く心の中に残っています。エイズという病気があること、HIV感染者は増え続けていることを知り、感染者に対する差別が無くなってほしいと心から願います。委員会の人形劇は低学年にも分かりやすく、心のこもったものでした。皆さんの心に何かが残ってくれるといいな。 先生

本日のおまけ 今年も無事に「エイズに関する劇」が終わりほっとしています。保健委員会の皆さん、人権平和委員会で参加してくれた人たち、ありがとうございました。特に保健は、3週間前に「かぜに負けないぞ」の劇もし、エイズの劇の練習もしながら、エイズ予防の啓発ポスターも作成したり、本当によくがんばりました。練習をはじめた頃はどうなることやら…と不安になることもたくさんありました。日を重ねる毎に[illegible]に来て6年。2年間で1度劇をやめたのですが卒業生になぜやめるんですかといわれ復活してよかったです。委員会、全校の皆さんありがとう！

ほけんだより

No.200/10-107 第15号 小保健室 文責佐藤

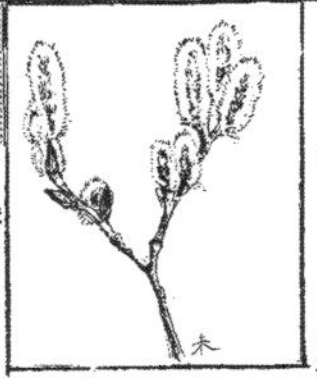

2020年が始まりましたね。

冬休みに入ってすぐ沖縄に行ってきました。戦争の爪跡を見たり聞いたり…、沖縄の米軍基地問題の現実を感じたり…　3日間どっぷり平和について学習してきました。もちろん沖縄のおいしい物はしっかりいただきました。

1日め（12/25）
5:18 大分駅 ソニックに乗りました。
福岡空港 9:55
10:30 弁当 食べちゃいました。
離陸してほんのしばらく揺れました。
沖縄 那覇空港 25℃
あつい。

バスにて

・魂魄の塔

「魂」…たましい
「魄」…浮遊霊

住民・軍人・米軍・韓国・朝鮮人、沖縄戦で死んだ約3万5千人の人々が軍民、人種を問わず葬られた、沖縄最大の塔。戦後もっとも早く住民の手で作られ平和への想いを込めた塔。

・大分の塔

沖縄戦で戦没された大分県出身者1400余名がお祀りされています。大分県耶馬渓産の霊石が用いられています。

大分の方もずいぶんなくなられたんだな

ひめゆりの塔
ひめゆり平和祈念資料館

女学生が看護要員として配置された南風原の沖縄陸軍病院。40近くの横穴の壕の施設「悪臭とうじがひどかった」

「戦争は絶対反対。憲法9条を体をはって守る。資料館ができて、やっと自分は生きていていいんだと思えるようになった。」と体験した方が話していました。

・沖縄県平和祈念資料館

展示むすびのことばより一部抜粋

> 戦争をおこすのはたしかに人間です
> しかし それ以上に
> 戦争を許さない努力のできるのも
> 私たち人間 ではないでしょうか

25℃ 暑いので マンゴーソフトクリームを食べました。

平和祈念公園から見える海はとても青くてきれいでした。

当時を思うと胸が痛い

夜はゴーヤチャンプルー・島らっきょうなど食べました。

沖縄平和学習の旅に行ってきました。

2019. 12. 25（水）～27（金）

2日め（12/26）自由行動
ホテル レンタカーにて 本部港 2時間　伊江島 30分

・伊江島

伊江島は沖縄の縮図とも言われています。地上戦を体験し、戦後は米軍基地が建設されました。

・ヌチドゥタカラの家（反戦平和資料館）

戦中・戦後を通して 阿波根昌鴻さんが収集した資料が展示されています。

14時頃 部分日食を見ました。

阿波根昌鴻（1901～2002）
生涯を平和運動にささげ「沖縄のガンジー」と呼ばれました。

3日め（12/27）

・辺野古

美ら海をそのままにしてほしいなぁ…。

昼は石垣牛のハンバーグをいただきました。

シムクガマ
下りて 向くと 谷の下にあるガマ

・シムクガマ

あちこちにハブ注意の看板

シムクガマは総延長2570mほどの天然の鍾乳洞。米軍進軍の際住民らが1000人シムクガマに避難。ついに米軍にガマを発見され、米軍が銃を構えて洞窟入口に近づくと住民は恐怖のあまりうろたえて洞窟内はパニック。しかしハワイ移民の帰国者2人の老人が「アメリカ人はむやみに人を殺さないよ」「米軍は国際法に従って行動している」ということを訴えて人々を説得。その結果全員投降。犠牲者なし。

・チビチリガマ

シムクガマから1km程なのにシムクガマのように話す人がいなくて
集団自決

両方のガマに入らせてもらいましたが、空気感（においなど）が全く違っていました。

・佐喜眞美術館

普天間飛行場の用地に1994年開館（周りはほとんどが飛行場の柵で囲まれている）丸木夫妻の「沖縄戦の図」が常設展示。

屋上にあがると普天間基地が一望できます。ヘリコプターの窓が落ちた小学校はすぐ横です。

エンジンの音は気分がめいるほど大きかった。ずっとなってる。

本日のおまけ
沖縄は何度も訪れたことがありますが、まだまだ知らないことがたくさんありました。南部

めなどと… 一枚書くのに何日もかかってしまいました。さて、沖縄ですが、親子で参加したり、の若い先生方がいたり… いいよ～若

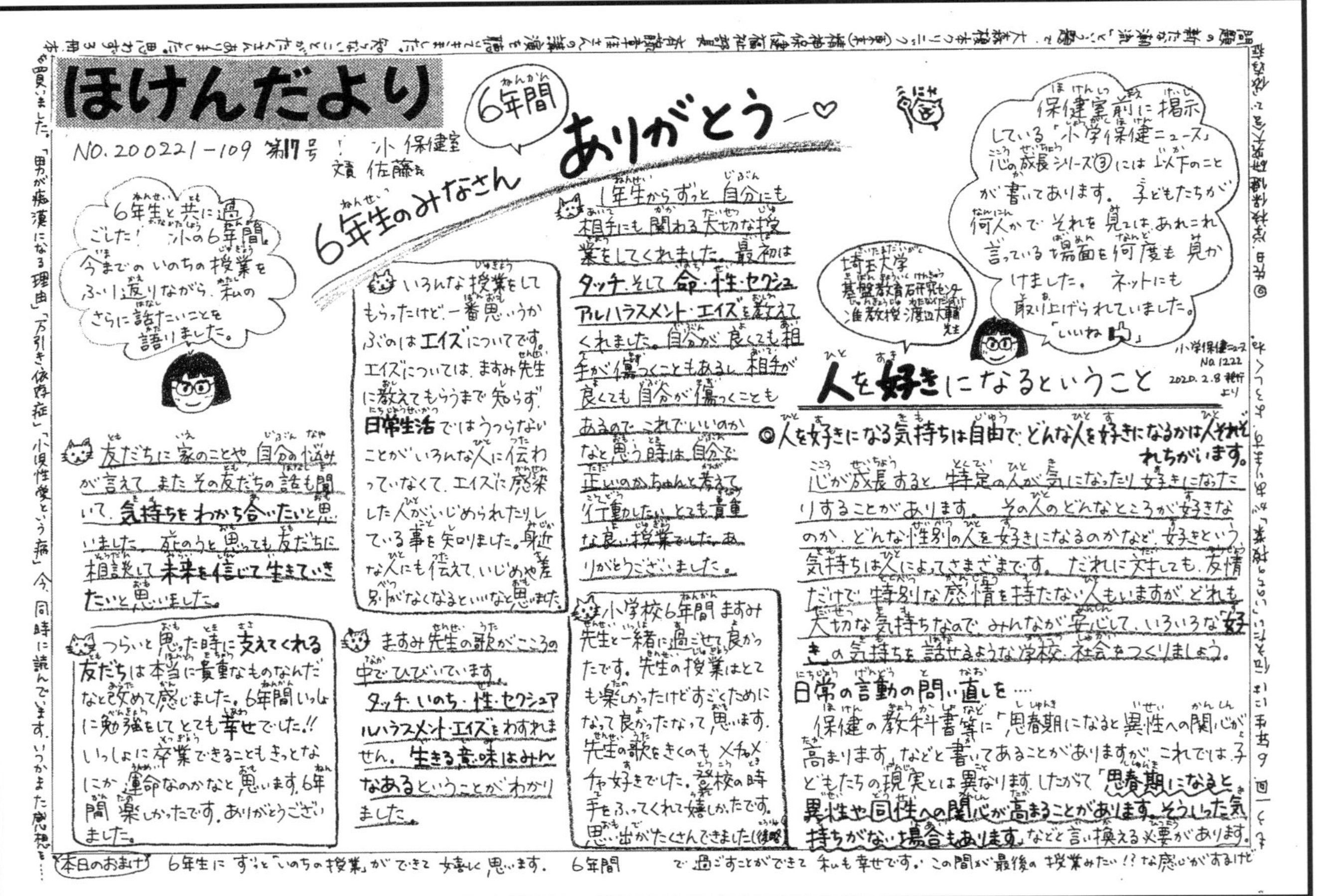

ほけんだより

NO.200221-109 第17号！ ○小 保健室 文責 佐藤

6年生のみなさん 6年間ありがとう

6年生と共に過ごした！○小の6年間。今までのいのちの授業をふり返りながら、私のさらに話したいことを語りました。

友だちに家のことや自分の悩みが言えて、また、その友だちの話も聞いて、気持ちをわかち合いたいと思いました。辛いのうと思っても友だちに相談して未来を信じて生きていきたいと思いました。

つらいと思った時に支えてくれる友だちは本当に貴重なものなんだなと改めて感じました。6年間いっしょに勉強をしてとても幸せでした!! いっしょに卒業できることもきっとなにかの運命なのかなと思います。6年間楽しかったです。ありがとうございました。

いろんな授業をしてもらったけど、一番思いうかぶのはエイズについてです。エイズについては、ますみ先生に教えてもらうまで知らず、日常生活ではうつらないことがいろんな人に伝わっていなくて、エイズに感染した人がいじめられたりしている事を知りました。身近な人にも伝えて、いじめや差別がなくなるといいなと思いました。

ますみ先生の歌がこころの中でひびいています。タッチ・いのち・性・セクシュアルハラスメント・エイズをわすれません。生きる意味はみんなあるということがわかりました。

1年生からずっと自分にも相手にも関わる大切な授業をしてくれました。最初はタッチ、そして命・性・セクシュアルハラスメント・エイズを教えてくれました。自分が良くても相手が傷つくこともあるし、相手が良くても自分が傷つくこともあるので、これでいいのかなと思う時は自分で正しいのかちゃんと考えて行動したい。とても貴重な良い授業でした。ありがとうございました。

小学校6年間ますみ先生と一緒に過ごせて良かったです。先生の授業はとても楽しかったけどすごくためになって良かったなって思います。先生の歌をきくのもメチャメチャ好きでした。登校の時手をふってくれて嬉しかったです。思い出がたくさんできました(後略)

保健室前に掲示している「小学保健ニュース」心の成長シリーズ③には以下のことが書いてあります。子どもたちが何人かで、それを見てはあれこれ言っている場面を何度も見かけました。ネットにも取り上げられていました。「いいね👍」

埼玉大学 基盤教育研究センター 准教授 渡辺大輔先生

人を好きになるということ

小学保健ニュース No.1222 2020.2.8発行より

◎人を好きになる気持ちは自由で、どんな人を好きになるかは人それぞれちがいます。

心が成長すると、特定の人が気になったり好きになったりすることがあります。その人のどんなところが好きなのか、どんな性別の人を好きになるのかなど、好きという気持ちは人によってさまざまです。だれに対しても、友情だけで、特別な感情を持たない人もいますが、どれも大切な気持ちなので、みんなが安心して、いろいろな「好き」の気持ちを話せるような学校・社会をつくりましょう。

日常の言動の問い直しを……

保健の教科書等に「思春期になると異性への関心が高まります」などと書いてあることがありますが、これでは子どもたちの現実とは異なります。したがって「思春期になると異性や同性への関心が高まることがあります。そういった気持ちがない場合もあります」などと言い換える必要があります。

本日のおまけ 6年生にずっと「いのちの授業」ができて嬉しく思います。6年間で過ごすことができて私も幸せです。この間が最後の授業みたい!?な感じがするけど [illegible] 問題の新たな潮流」と題して、大森榎本クリニック(東京)精神保健福祉部長 斉藤章佳さんの講演を聴いてきました。ふだん知らないことがたくさんありました。思わず3冊本を買いました。「男が痴漢になる理由」「万引き依存症」「小児性愛という病」今、同時に読んでいます。いつかまた感想を……

ほけんだより

NO.200302-110
最終号
小 保健室
文責 佐藤

6年

小学校のみなさん
たいへんお世話になりました。
ありがとうございました。

こんな形でお別れ!? とても戸惑っています。

1
私はずっと中学校の養護教諭として勤務してきました。38年間の教員生活のうち、最後の6年間を小で過ごせて今はとても幸せだと実感しています。もちろん赴任当初は不安がたくさんありましたよ。でも子どもたちの笑顔にずいぶん助けられました。ありがとうございます。

2
ふり返ると新採用4年間の田舎生活を終えて大分に帰ってきた時、1400人を越える中学校でした。保健室での日常の対応もたいへんでしたが、性に関する行動があまりにもひどいことに驚きました。それを目のあたりにして、これは子どもたちが悪いんじゃなくてちゃんと教えてこなかった大人のせいだ、私はしっかり勉強して子どもたちに伝えたい。そう思いました。性教育は科学的なことだけでなく、人権教育であり、共生教育であり、自立教育でもあります。そして何よりいのちを扱うので平和教育でもあります。私は養護教諭として性教育を軸に据えて子どもたちにむき合おうと決意しました。

3
学ぶ中で、私自身が生きていくのが楽になりましたし、なにより、かなり成長させてもらったと感じています。小でもいのち・からだ・生きることについて子どもたちと学習し、エイズに関する劇も一緒に作り、上演できました。本当に幸せでした。今、"生きている"ことがすごいことなんです。どうぞ自分のいのちも他の人のいのちも大切にし、自分らしくせいいっぱい生きていってください。

小学校の6年間、たいへんお世話になりました。ありがとうの感謝の気持ちでいっぱいです。

やっぱり小学校いいなあ。6年間の成長をみることができた。6年生ありがとうね♡

保健だより読んでくださってありがとうございました。

小で親になった教え子にもたくさん会えて嬉しかったです。

2020年3月31日をもって
佐藤益美 定年退職です。

エッセイ

「エッセイ」について

著者が養護教諭を定年退職してから、この世を旅立つ数時間前まで書き溜めたエッセイです（50個目のエッセイとして「ドイツ環境学習の旅」をタイトルのみ原稿ノートに書き、その後、体調が急変し、絶筆となりました）。

本エッセイは、赴任先の学校で感じたこと、様々な出会い、生徒とのやり取り等、学校内外でさまざまに感じ、考え発信し続けてきた佐藤益美が人生をかけてとりくみ続けてきた、「いのちの実践」そのものです。

「定年退職」を起点に、養護教諭人生を振り返りながら綴っています。そのため著者が書き綴った順番を尊重し、あえて順序は入れ替えず、紹介しています。

また、例えば「エイズに関する劇」など、実践記録の内容とも重なる内容も含まれますので、本エッセイと実践記録を行き来しながらご覧いただくと、一層実践者の想いを感じることができます。

定年退職

2020年3月31日、私は定年退職しました。新型コロナウイルス感染症拡大防止のため3月上旬から学校は休校となり修了式も離任式もなく、子どもたちにほとんど会うこともなく直接お別れのあいさつもできないまま退職の日を迎えました。このことは全国の退職された先生方、ほぼ同じ状況ですよね。

来週から休校になることを職員室で告げられた後、教頭先生が私にささやくように言いました。「益美先生、このままではいけん、最後に1枚書いて。」う～ん、それはコロナ対策のことかな？「違う、このまま終わったらだめ。養護教諭としてやって来たことの思いのたけを書いて。」おお～っ、そっち！？思いがけない嬉しい提案に、早速、ほけんだより最終号として子どもたち、保護者にむけて、感謝の気持ちと、どんな思いで養護教諭をしてきたかを書きました。もちろん手書きで、いつもはＢ４だけどＡ４。だって内容が内容なだけに。ねぇ～。

6年生には毎年、卒業式前日に、1年間のほけんだよりを綴ったものに1枚卒業おめでとうのメッセージをそえて渡しています。もちろん最後のこの年も作りました。全校にむけて、そして6年生にもメッセージが書けて、自分自身ほっとしました。コロナでたいへんでしたけど、教頭先生のおかげで気持ちよく38年間の養護教諭を終えることができました。

自粛で夜のお別れ会ができない中、職場の皆さんが昼食をとりながらの退職・転任のお別れ会を、そして31日にも勤務時間終えてお見送りの会を開催してくれました。玄関まで人間アーチをくぐった後、片付けがまだなので保健室に戻っちゃってごめんなさい。

ずっと中学校勤務でしたが、最後は小学校でよかったです。みなさん、ありがとうございました。

新採用

1982年4月、私は念願の養護教諭になりました。最初の赴任地は県境の山の中の中学校、全校で120人くらい、教員は13人、本当に山の中、自然豊かな所です。

「一度行ってみよう。」大学の卒業式を終え、大分に帰って来た私に父はそう言いました。まだ運転免許を持ってなく、住む場所や通勤が気になっていたところでした。両親とともに、赴任地へ向かってＧＯ！まだ行ったことがない場所なのでちょっとわくわく。

国道を2時間近く走ったところで第一村人発見。この辺から山道に入るのかな？すみません、中学校へはどう行ったらいいのでしょう。「こん道をな、ちょっと行くとガソリンスタンドがあるけん、そこを右に曲がったら学校じゃ。」ありがとうと頭を下げ車に戻りました。なんだぁ、結構近いんやぁ。

でも行けども行けども、なかなかガソリンスタンドにたどりつきません。一本道なので間違いないと思うんだけど…。あっ！見えて来ました。すでに6㎞以上走っています。曲がってもすぐではなく、しばらく行ったら学校でした。この時、私は学習しました。田舎の「ちょっと」という表現は6㎞はあるということを…。

中学校には当番の先生がいて、いろいろ案内をしてくれました。学校のすぐそばに一戸建ての教員住宅があり、住むところの心配、通勤の心配はなくなりました。

後に知ったのですが、その時私を見かけた生徒たちは「今度来た転校生はでかい。」そう思ったと。まぁ素っピンでショートカット、トレーナーにジーパン。しょうがねぇなぁ〜。

いきなりの美術教師

私と同時期に採用された数学教師。彼は採用されて１ヶ月もたたない４月下旬、カブを運転中に転倒し鎖骨を骨折してしまいました。町の病院に４週間程入院。ということで数学の授業は全学年、もと数学教師だった教頭先生が代わりに。彼は３年生の美術も受け持っていました。で、誰が代わりに。

「えっ私ですか？はい。」と、突然、美術の先生になりました。

何をしてもよいということでどうしようと悩みましたが、１ヶ月だけなのでその間に仕上がるくらいの作業ができるといいな。しかも難しい専門的なことはわからないので大きな画用紙に人物画を描かせる。これいいかも。私にとっての初めての授業、しかもそれが美術。そして全くのシロウト。でも生徒たちにとっては、そんなことは関係ない。落ち着いて堂々と話をしようそう決めました。内心はドキドキバクバクだったけど…。

「友だちを描こう。」偉そうに話していた自分が、今は恥ずかしい！！養護教諭として本当にまだまだかけ出しの頃で本来の仕事もどうかなぁという時期に。ねぇ。

このことを境に、急な出張や休みで授業が自習になった時は、代わりに授業に行くようになりました。

自習監督で英語や家庭科に行くんじゃなくって、保健の話がしたい。うん、やっていいよということで、気がついたらある日は６時間授業の６時間全部あちこちのクラスを回っていました。おかしいでしょ、養護教諭なのに。

「大丈夫、何かあったらオレたち手当てしておく。」え…？

女子軟式テニス部の顧問

当時の中学校では全員部活に所属するようになっていました。男子が野球、柔道、軟式テニス。つまり全て運動部。運動が苦手な人でも入らなきゃいけない。それ、ちょっと辛いなぁ。私はというと、女子の軟式テニスを任されました。（その頃はまだソフトテニスとは言ってなかったです。）テニス！？やったことないなぁ。というか全く知らない…。

とりあえず、放課後テニスコートに行ってみました。やってるやってる。3年生と思われる人たちが率先して練習をしていました。「フォルト」ん？「ボレー」ん？何のことやら。生徒たちに聞くこともできず、何日間か同じ状況が過ぎていきました。まずい、このままではまずい。そう言えば卓球部の顧問が「自分はできなくってもいい。でも知識は生徒たちの3倍は持て。」確かそう言っていたな。

次の日曜日、バスに乗り、1時間以上かかる町の本屋に行きました。そこにあった軟式テニスの本全部（といっても2種類しかなかったのですが）買って帰りました。早速勉強です。本を何度も読みかえしました。そしてわからないことや困ったことは先輩の先生に相談しよう、と思いました。

何もできずにいた最初の数日、生徒たちはこう思っていたそうです。「今度来た先生、できる人なんや。だって黙って何も言わん、こわい。」いやいや反対反対、全然わかってなくってオロオロしていただけだよ。たださっぱりわからないので固まってただけ。

体育大会

運動はどちらかいうと苦手です。でも行事の運動会や体育大会はそんなに嫌じゃなかったなぁ。どちらかというと好きだったかもしれません。運動というより、なんかチームとして競う、団結だったり、応援だったり、そんなところにわくわくしていたような感じでした。

養護教諭としての初めての体育大会。いきなり女子創作ダンスの係になりました。何？ダンス？創作？もうお手上げ状態です。1年目は体育の先生に協力を仰ぎ、何とか無事に終えることができました。2年目は自分で何とかしなければ…。ちょうど流行っていた映画「フラッシュダンス」に曲は決め、若い先生たちと大分市まで映画を観に行きました。そしてマーチングバンドの動きを見て、フォーメーションを考えたり…周りもアドバイスしてくれたり、たいへんでしたけどとても楽しかったです。

私はもう気づいていました。養護教諭は「何でも屋」ということを。

男子は騎馬戦です。片方の人数が1名足りません。男子生徒が言うには、男の先生が加勢すると、そっちのチームが強くなるのでだめだって。そこで私に白羽の矢が立ちました。背が高いので騎馬は前。生徒相手の競技だからあくまでも冷静に冷静に。決して前の人は相手の騎馬を押してはいけません。

しかし、ピストルが鳴ったら、そんなことはぶっ飛んでいました。撮られた写真に、相手の騎馬を肩で押し込んでいる私の姿がしっかり写っていました。ヤバイ！失礼しました。

※リレーもユニークでした。教員対生徒会対ＰＴＡ対来賓。これをビデオに撮って、必ず昼に全校の教室に映像を流すんです。ほら、うつってるよ。でかいお尻が…。あちゃ私だよ。

校医さん

歯科医の先生との出会いは忘れられません。先生１人で来られるので記録はもちろん私。全校生徒120人くらいなので１日で終わります。（後に大分市に帰ってから最初に行った学校は1400人越えの大規模校。その時も歯科医の先生１人だったので10日間くらいずっと記録していました。当時、もちろん養護教諭は私だけです。途中で眠くなるんです。その時はアイスノンをおでこにこすりつけていました。がんばったなぁ。）

さて、歯科検診の記録です。時々、むし歯がたくさんあると聞きそびれてしまうことがあります。「すみません、もう一度お願いします。」「何？給料もらいよるんじゃろうが。そんくれぇも書けんのかぁ…。」としばらくどなられます。間違ってはいけないので、わからなくなったらまたもう一度お願いをします。その度にどなられるのです。今の時代だったらあきらかにパワハラですよね。

そして、検診が終わってからが長い。検診時間以上に保健室にいて、お茶を飲みながら話をするんです。茶菓子を出せば「オレ１人で食えるか。自分のも持ってこい。」え〜。次の年は町に出張に出た時、羊かんを買って帰り、すぐ出せるように切って２人分皿に乗せて冷蔵庫に入れていました。検診が終わり扉を開けたら、羊かんが１人分しかない…。誰？食べたの。

そんなこんなで３年目の歯科検診が終わった時にはやったぁ、もう会わなくていいと喜びましたが、それもつかの間。小学校の養護教諭が突然の入院。終わっていない歯科検診を手伝ってほしいと。同じ歯科医なので、え〜〜〜〜と叫んでいました。でも小学校では別人のように優しかったです。しかも最後に「あんた中学校で終わったとホッとしちょったやろ。なのに小学校でまた記録して、大変やったなぁ。」本当はいい人！？

内科の校医の先生は外科医でした。ある日、男子生徒が保健室に運ばれてきました。見ると、間違いなく骨折だなという状態でした。応急処置をして、すぐ校医の病院へ連れて行きました。(この地域ではそこしかないんです、病院が。)

着いたら、何か様子が変です。骨折かもしれないので診てほしいと受付に言いました。返ってきた言葉が「今マムシにかまれた人がかつぎこまれて、その対応でいっぱいです。骨折は命にかかわることじゃないので、一度家に帰ってまた来てください。」でした。そりゃ、マムシにかまれた人の方が優先でしょう。

この校医の先生に、私は申し訳ないことをしてしまいました。この頃は学校で集団予防接種を行っていました。その日はテスト期間中で部活がありませんでした。放課後、生徒たちが帰った後、教師は職員室で各々が仕事をしていました。そこにガラガラと戸を開けて役場のNちゃんが顔を出しました。

「ソンちゃん（その頃の私のあだ名）今、職員会議中？」と入口の所に座っていた私に小さな声で聞きました。

「違うよ。Nちゃん、今日どうしたん？何ごと？」「M先生（校医さん）も一緒に来たんだけど。」「ふ〜ん、なんで？」「今日、予防接種だけど。」ぎゃああああ……たいへん！

「ごめんNちゃん、生徒みんな帰っていない。」M先生にペコペコ謝りました。でも、先生は笑顔で、「いいんで、また来ればいいけん。」なんて優しい。先生とのやりとりで日程が二転三転したとはいえ、ごめんなさい。それからは保健行事のチェックは何度も何度もするようになりました。本当に申し訳ありませんでした。

走り高跳び

新採用の３年間、実に多くの地元の行事に参加させてもらいました。（ほとんどスポーツです）運動が得意でないのに、誘われたら行かなければならないと思いこんでいました。

一番忘れられない競技は町民体育大会の走り高跳びです。私の人生の中で経験したことがないものです。中学生の時、もしかしたらゴムで跳んだかなぁ？というくらいの記憶です。走り幅跳びならと言ったら、それはもう決まっていますということで走り高跳びに。全く練習なしの本番です。とりあえず跳んだら１本目跳べました。何だかわからないけど嬉しかったです。

バーが上がります。さっきの調子、大丈夫大丈夫。本人跳んだと思ってマットに転がります。周りは何故か大爆笑。起きあがってみたら、バーどころじゃなくそれを支えてた支柱も２本引っくり返っていました。何？何故？笑いが23歳の私にはつき刺さりました。そのまま教員住宅に引きこもりました。打ち上げには行かれん。

そこに中１の女子２人がやって来ました。私のことを友だちのように一生懸命慰めてくれました。なんかありがたかったなぁ。結局、打ち上げには参加しました（笑)。その時の生徒１人とはいまだに繋がっています。横浜で暮らしていますが時々連絡をくれますし、大分に帰ってきたときは会ってお茶したりしています。

さて、走り高跳びの結果ですが、最下位ではありませんでした。一番低いバーの時、とりあえず跳んだので記録が残りました。そのバーをパスした人がいて、次のバーを跳べなかったので結果が残せていませんでした。やったぁ、ドベじゃなかったよ。

駅　伝

これも忘れられない出来事です。一緒に中学校へ赴任した音楽教師、彼はちょっとふざけた一面を持っていました。秋の気配が深まった頃、「今日の夕方、何時(いつ)どこで駅伝の練習があるから来て。」と、その彼が言うので行きました。走るの苦手なんだけど、まぁいいか。その場所に行って驚きました。集まっている人は皆、男性。また奴にやられたと思いました。

そのまま帰るのもどうかと思ったので、とにかく一緒に走ろうと。山の中ですので外灯はありません。小さな川沿いを走り、ずっと先の橋を渡り、反対側の川沿いを戻ってくるというコースです。あたりはすでに暗闇です。車が1台後方からライトを照らし、その前を皆が走るのです。

スタートして気がつきました。男性たちあっという間に走っていきました。考えたら、あたり前です。駅伝の選手だから。暗い中すぐ見えなくなりました。車のライトは私1人のためだけに照らされています。すまない、一人じめして。しかもでかい尻をずっと見せて申し訳ないと思いながら、最後まで走るしかないので、スローペースのままゴールしました。

だまされたけれど、一日で終わるのはくやしいので翌日も行きました。なんと車が2台になっていました。「必ず来ると思ったで。」皆からそう言われました。私が走っているのを聞きつけて、女子生徒や母親たちも練習に参加するようになりました。

駅伝の本番はBチームのアンカーにすると言われました。えっ、それって男ばっかりでしょ。しかも山の駅伝だからアップダウンが激しい、そんなの無理無理無理と言って日程を聞いたら、なんと修学旅行の日取りとかぶっていました。こりゃ、いばって断れるな。いやいや、いばらんでもいいんだけど…。

町の養護部長

新卒２年目３年目と町の養護部長になりました。といっても養護教諭は私を入れて５人です。１人は私より数年先輩の既婚者、他は私と同じくらいの年齢です。皆20代です。赴任した時、前任の先生がどんな方なのか全く知りませんでした。引き継ぎもなかったです。ただ、定年退職したということだけはわかっていました。

だから、赴任した時は大学で学んだことや、４週間の教育実習を参考にするしかありませんでした。ただ、所属学年の学年長がいつも声をかけてくれていました。「養護教諭だからってずっと保健室にいることはないよ。みんなの動きを見て行動しましょう。さぁ、今から全校集会に行きますよ。」という具合に。

他の若い養護教諭も困っていないかな、そう思い皆に提案しました。週１回、私の家に集まって情報交換しませんか？先輩の先生には家庭があるので、来れる時によかったら来て下さい、と。水曜日の夕方、私の家に集合です。この１週間やってきたこと、配布した文書、ほけんだより、困ったことなど出し合い、意見を言ったり励ましたり、とにかく充実した時間を共有しました。

さて、話し合いの時間は１時間程でいつも終了です。その後は私のつたない手料理で宴会です。この時間が楽しくって仕方ありませんでした。仲間っていいなと感じるひとときでした。

ちなみに、料理をするにも小さな店しかないので、そんなには食材がそろいません。そこで、教員住宅の南側に２畳ほどの畑を作り野菜を植えました。給食も当初なかったので、弁当には毎日ピーマンが入っていたりしました。春菊はびっくりする程しこってしまい、寒くなると鍋ばかりでした。

異　動

丸３年が終わると地元に帰れると言われていましたが、なぜか同じ郡の違う町の小学校へ異動となりました。でも、どこで勤務しようが自分らしく仕事をするだけです。小学校では、保健委員の子どもが休み時間に保健室にやって来て、ちょっとした手当てをしたり、その他の仕事をしたりします。そこで、私はいつも当番に保健室をまかせて、運動場に遊びに行きます。保健室から運動場が丸ごと見えます。今日は鉄棒の所にいるからね。何かあったら呼んでね。そう言って、毎日いろんな子どもたちと遊び回っていました。おかげで、低学年の子どもたちは私のことを『遊ぶ先生』と言っていました。

どこの小学校も一緒だと思いますが、トイレ・うんこにまつわることはすべて保健室にやってきます。間に合わずもらしてしまった時はもちろん、トイレに大きなうんこがそのままだとか、とにかくその手のものはまず保健室に連絡が来ます。もちろん、私で対応できることはしますが無理なこともあります。

いつかこんなことがありました。子どもがあわてて保健室にやってきました。「先生、下駄箱の所がうんこだらけや。」何？どうして？意味がわからない！ともかく、行ってみて驚きました。あたり一面、本当にうんこが多量にプカプカ浮いていました。全校の下駄箱の下は浄化槽なんだ。ふたもズレている。何かつまったんだろうか？もはや１人で何かできる状態じゃない。当然、何人かの先生がかけつけ対応して乗り切りました。こんなこともあるんだなと思ったけど、そんなこと滅多にないよね。だってそんなこと２度とお目にかかっていませんから。

運動会

この行事のポイントは天気です。当日雨が降ると、予定の期日にはできません。前日は雨でした。学校をでる時、体育主任がこう言いました。「どんなに降ろうと、朝やんでいたらする。うちがすると言ったら町内の他の学校もするようになる。」わかった。けど、運動場ビチャビチャなんですけど。

私も天気が気になり２時頃目がさめて、あれ結構降ってるなぁ。ジャバジャバいってる。それからすぐ寝てしまい、それでもやはり気になり目がさめて時計を見たら５時でした。

音がしない。雨やんでる。こりゃ運動会あるなと思ったら顔を洗い、身じたくして何も考えず学校に車を走らせました。途中で気づきました。５時過ぎに行って誰もいなかったらどうするん？その時はその時。

でも、着いたら、１つあかりがついていました。おはようございますと声をかけたら、体育主任が１人でいて「どうしたん？こんなに早く。今から先生たちに電話して連絡網まわしてもらおうと思いよったところや。」昨日、先生が朝降ってなかったらするち言ったけん、とりあえず来ました。何したらいいですか？「校舎中の雑巾とバケツ集めて来て。」ハイ！

天候は晴れ、運動場は水びたし。でも、時間とともに運動場は人で埋めつくされます。先生方、子どもたち、保護者、地域の方々、皆雑巾で水を吸いバケツにしぼります。その光景は圧巻です。その場面があまりにも強烈過ぎて、どんな種目があったのか運動会の記憶はほとんどありません。そういえば、私ははしごに登った競技に出たような。地域の若者（男）にお尻を押し上げられたような。なんか恥ずかしかった思い出がある。それってセクハラじゃん！？

大分市に帰ってきました

前任の小学校にはわずか１年しかいませんでした。私としては、もう２〜３年はいると思っていましたが。その１年の間に変化したことがあります。それは名字が変わったんです。

大分の最初の赴任は1400人を超える中学校。引き継ぎのため連絡を取ると、最後にこう言われました。「あなた病気にならないでね。すでに大分の中学で精神的にまいって休んでいる先生がいるのよ。」何？どういうこと？その頃、どこの中学校も元気のいい人たちがいて、いわゆる『荒れて』いたようです。

あまりにも何度も言われるので、私は夫に、「もしかしたら私仕事辞めたいって言うかもしれない。」と言っていました。夫は、「自分で納得して辞めるんならいいんじゃない。」と。そうかぁ、気持ちがかなり楽になりました。しかし、４月始まって３日もしたら、あまりにもすることが多く、忙し過ぎて辞めたいという思いはどこにも見あたらなくなりました。

全校で36クラス、担任の先生だけでも１クラス分の人数います。だから何がたいへんって、担任にお願いしたものを集めることです。これがなかなか集まりません。〆切りがあるのでのんびりしておれません。そこで、私は苦肉の策で、半分くらい集まった段階で担任のそばにいって小さな声でこうささやくのです。「この間お願いしたこれこれ、先生のクラスだけです。出ていないの。」この言葉に担任は慌てます。自分が最後の１人と思うとすぐ提出してくれます。騙してすみません。

大分市に帰って来て最初が1400人を超える中学校だったので、1000人くらいの学校、それよりちょっと少ない学校、他からみると大人数と思われるかもしれない学校も、なんとかなるもんだと全く気にならず、自分のやりたいように仕事をしました。毎日、事務仕事は家に持って帰って、夜中までしている私に夫は、「へき地校手当より大規模校手当もらわんと割あわんね。」もっと言って！！

テレクラ

地元に帰り、中学校は５校勤務しました。どの学校でももれなく、保健室では性についての話題・悩み等がかなりの数ありました。通称テレクラ（テレフォンクラブ）の名前は知っていましたが、どんなものなのか、わかっていませんでした。

皮肉なもので、教えてくれたのは生徒です。『男の人がある場所にいて、そこに外から女の人が電話をして会話をする。』当時は携帯電話はなかったのでほとんどが公衆電話からです。生徒が言うには、話の中で会おうってなり、服装やらその人の特長を伝えて「ではどこで」って。大半の生徒は遠目に見て、あんな奴かぁと確認して終わりらしい。でも、中には実際に会ってホテルに行き、関係まで持ち、お金をもらうという人もいました。そんな話を平気で保健室でするんです。昨日の男はケチだったとか、ホテルはどこに行ったとか、ホテルのしくみを教えてくれたり、連日そんな話をするんです。いや、おかしいやろう。中学生がそんなこと。

でもこの子たちが悪いんじゃないと思いました。ちゃんと性について教えて来なかった大人のせいだ。だったら私はうんと勉強して、生徒たちに語れるようになろうと決意しました。だって、保健室にも来れないで悩んでいる人も、もっといるかもしれないし。

もちろん、生徒たちの状態をこのままにしていいわけじゃないので、ひそかに生徒指導に話しました。生徒たちは「ヤバイよ、バレちょん。なんか見ちょる人がおって学校に通報したらしい。」と。いやいや、それは私が言ったんよ、とは言えませんでした。ごめんね。うまくかかわってくれた生徒指導に感謝です。彼女らはその後もやはり出かけて行き、保健室でその話を相変わらずしていましたが、しばらくして、それなりの処遇がきまりました。今はどうしているかなぁー。自分を大事にして生きているといいなぁ。

ほけんだより

養護教諭なら誰もが発行していることでしょう。名称はそれぞれあると思います。私は教員になった頃、書かないといけないと思い書いていましたが、考えてみたら、そんなもの誰が読むんだろう。こちらが本当に伝えたいこと、知ってほしいことを書かないと読み手に失礼じゃないか。誰が書いたかわからないことより、書き手がわかるように書きたいと考えるようになりました。

ある日、学年長から、「校長が呼びよったで。何か苦情があったみたい。」と言われたので校長室に行きました。苦情？全く身に覚えがないけど何をやらかしたんだろう。校長室をあけると開口一番、「益美、何も心配せんでいい。」いやいや校長先生、何のことだかさっぱりわかりません。実は、育休明けのほけんだよりに本日のおまけというコーナーで息子のことを４、５行書いたんです。それを私物化していると保護者からクレームが来ていました。

「電話をかけて来た人もちゃんとほけんだよりを読んでいるっちゅーことや。言って来たのは１人。大規模校で１人。他の親は思春期で反抗期まっただ中の子ども相手にとまどっちょる。そんな中で益美の赤ちゃんの記事を読み、この子もこうだったなと思い返しよる。何も心配せんでいい。益美はこれからも書きたいことを書きたいように書けばいい。」なんて良い校長先生なんだろう。

私はそのとき決意しました。この校長が困ることをしたらいけない。それからはかなり慎重に仕事をするようになりました。ほけんだよりは発行前に校長に見てもらうようにしました。誤字脱字をチェックされたことがありましたが、退職まで書きたいように書きまくりました。ある学校で保護者から、「益美先生、ほけんだよりどうしてますか？」と聞かれましたが、配布して終わりですよ。「先生のほけんだより、年間でまとめたらほしいっていう人がいますよ。私はほしいです。」ありがたいことです。

エイズと人権を考える会

徳田靖之弁護士と薬害エイズの被害者草伏村生さんが立ち上げた「エイズと人権を考える会」の集会があると聞き、出かけていきました。草伏さんには数ヶ月前、他県であったセミナーで一度話を聞きました。その時、私はやらかしました。草伏さんを見た瞬間、『普通の人やん』そう思ったのです。これ、いけんやろう。すぐ自分でつっこみを入れました。そう思ったことが偏見そのものじゃないか、情けない。でも、このことを忘れたらだめだ。そう思ったことを自分の戒めとして、一生心に留めておこうと決めました。

しばらくお会いしてない草伏さんはずいぶんやせていました。身体は大丈夫だろうか、しかしそんなことより、草伏さんの語りにまた引き込まれていました。当事者から学ぶことが本当にたくさんあります。

集会の最後は質疑応答です。かなりの人が来ていました。そんな中で手を挙げた女性がいました。彼女の質問に驚きました。草伏さん本人にそんなこと聞く！？(中身は忘れてしまいましたが)そう感じたのは確かです。いや〜、こんな人とは絶対に友だちにはならんな、そう思ったことも間違いないです。でも、その後、人権にかかわる集会に行く度、彼女を見かけるのです。しかも、やはり質問を必ずするのです。誰？この人何者？何度目かの時、集会が終わったと思ったら彼女が私のそばにやってきました。何、何、何、何の用？彼女は私にこう言いました。「あなたね、なんか私と同じにおいがするの。よろしく。」えええ〜〜〜〜違う違う違う。同じにおいなんてしないしない。などと言えないまま、気がついたらお互いの実践の話などをするようになりました。

その彼女は山田泉といいます。同じ養護教諭です。

エイズ学習

1993 年のことです。生徒大会の学校への要望に、3 年生の女子から「エイズのことが知りたい」、3 年生男子から「性について学びたい」と発言がありました。なんて素敵な要望？いやいや、そんなこと言わせてはいけんやろう。ちゃんと教えてないってことだよ。

体育館から職員室に戻ると、年配の先生が 2 人、「全校の前であんな要望出して、本当奴はチャラチャラしてる。みっともない。」「その通りや。」と言っていました。どうしてそんなこと言うんだろう。私はすかさず 3 年の学年長に話しました。

「私、3 年生にエイズについて話したいです。」「集会をして話をする？」と言われたので、「正直自信がないので、クラスをまわらせて下さい。その方が生徒も質問しやすいと思うので。」と答えていました。

ＯＫが出ましたが､私もまだまだ勉強不足。県の健康対策課や保健所に行き、資料をもらったり、エイズを題材にした映画を観に行ったり、私なりに授業を組み立て教室へ向かいました。空き時間の先生が参観してくれました。「益美先生、今のところわかりにくかったので、もう一度説明してください。」そんな声かけをしてくれました。ありがとうございます。

とにかくおそまつな授業でした。自分自身とにかく一生懸命でしたが、反省しきり。そこに追い打ちをかけるように男子生徒からこう言われました。「先生、授業下手やなぁ。」ああああ…やっぱり、そうだよね。でも続けてこうも言われました。「でもな、保健の先生がわざわざ教室まで来て、エイズのことを伝えたいというその思いはすごいわかったで。伝わってきた。」もう泣きそうです。

もちろん、わかりやすい授業、上手な授業も大切だけど、その思い、伝えたい思いが大事なんだと生徒に教わりました。

生徒たちは学んだら学んだ分だけ理解していきましたが、先生たちが追いついていません。職員会議でエイズのことを話すように言われましたが、私が話しているとヤジがとんで来ました。「オレには関係ねぇ。」「何こんなことしよんのや。」私はまだ若かったのでもくもくと説明するだけでした。今そんなこと言ったらたいへんですよね。

それから他の男子生徒から、「エイズの前に性のこと教えんかい。」とも言われました。その通りやぁ、で、早速、性についても話をするようになりました。

エイズに関する劇

草伏さんの「冬の銀河」を読みました。もっとみんなにエイズのこと知ってもらいたい、そう思いました。特に、ヤジを飛ばしていた先生たちにもわかってほしい。私のやる気がどんどん込みあげてきました。そう考えたらヤジを飛ばした先生たちに感謝です。ありがとうです。

本当にどうしたらいいのかいろいろ考えました。いき着いたのが、文化祭で劇をしよう。だって全校いるし、先生たちも、そして多くの保護者もやってくる。

その学校では、各学年にステージ発表30分が割り与えられていました。私は2年部に所属しているので2年の担当に立候補しよう。学年会でお願いしたら、あっさりＯＫが出ました。そうなったらこっちのもんです。

台本作りです。どうしたらわかってもらえるだろう。もちろん、エイズの病気そのものもきちんと伝えなきゃ。日常生活ではうつらないのに、偏見や差別があまりにもひどい。感染者の思いや願いも伝えたい。台本が出来上がり、生徒たちと読み合わせ、配役や係決め、そして練習です。

しばらくして教頭から呼ばれました。「なぜエイズを題材にやっているのか。校長の許可はとっているのか。性行為という言葉をステージ上でいうとはどういうことだ。」等々、1時間くらい説教です。ここにも強敵がいたぁ〜〜〜〜。

それから少し日がたち、職員室で3年の劇の担当と教頭がいた時、わざといいました。「3年部は校長先生に劇の許可もらってるの。」「いやぁ、別にもらってないよ。」教頭無言でした。

本番は想像以上に生徒たちはがんばってくれました。多くの先生たちから

「よかったよ。」と声をかけられました。何よりびっくりしたのは、あの教頭先生が「益美先生、すごくよかった。来年もするやろ。」と。えぇ〜もう１年ぽっきりと考えていたけど、教頭先生の言葉から、退職まで学校かわっても26年も劇を上演しました。教頭先生が一番のエイズや性についての学習の味方になりました。ちょっといじわる言ってごめんなさい。

あと、うれしいことがもう一つ。国語の先生が、「○ちゃん教室であてたり朗読させると、小さい声でよく聞こえないんよ。その彼女が、今日ステージで堂堂とはっきりセリフを言っていてびっくりした」って。バリバリ鍛えたかいがあったよ。

エイズに関する劇　エピソード１

薬害エイズの裁判が大詰めをむかえていて、このことを題材にして劇を作ろうと思いました。そのために、生徒たちに草伏さんを取材させようと考えました。でも当時の校長とちょっとやりあっちゃって…。人権担当の先生も行くことで何とか落ち着きました。

生徒たちに何を聞くのか考えさせ、体調が悪い人、風邪とかひいている人はつれて行けないと話しました。だって、エイズは免疫にかかわる病気だからね。

アパートに着いて表札を見て、生徒が言いました。「先生、ここ名字違うよ。」「いいんだよ。草伏はペンネームなんだよ。」草伏さんは体調が万全ではないのに快く取材を引き受けてくださり、生徒たちの質問にも丁寧に答えてくれました。何より、私と初めて会話した日のことをよく覚えていて、生徒の１人Mちゃんのお母さんとのことも詳しく話してくれました。生徒たちは、草伏さんって人を大事にする人なんだね。出会いを大切にする人なんだなって。感染者の思いや願いを受けとめる以上に、人柄に関しても感動して帰りました。

裁判のことや国の対応等が刻一刻とかわります。そのことを語るセリフは毎日のようにちょっとずつかわります。最新を伝えたいんです。とうとう当日の朝も１つセリフがかわりました。草伏さん宅でのインタビュー映像をまじえながら上演しました。観た生徒たちはテレビで見た人に会っているということで感染者をより身近に感じてくれました。

草伏さんに会いに行ったMちゃんはその後、英語弁論大会でエイズのことを題材にしました。県代表として全国大会へ行きました。Mちゃんは他県で今、高校の英語教師としてがんばっています。３年生の時は、劇の台本をMちゃんに託しました。26回上演した中でその時だけです、生徒にお願いしたのは。優秀な人材を他県にもっていかれたよ～。大分県のバカ。

ＨＩＶ薬害訴訟を支える会・大分

薬害のことを知れば知るほど、理不尽なことに居たたまれなくなりました。私にできることはないだろうか。誰もが病気にかかり、薬を使用することがあります。私たちだって、被害者になることもあるのです。そう考えるうちに、私は感染者の思いや願いをもっと知りたい、そして寄り添いたいと思うようになりました。そこで「ＨＩＶ薬害訴訟を支える会・大分」（以下、支える会・大分）に出向くようになったのです。知れば知るほど、生徒たちにも現実をきちんと伝えたい。そう強く思うようになりました。

「支える会・大分」は集会を開いたり、署名や募金活動などしていました。ある時、生徒たちとの劇の練習が終わって皆が集合した時、私はこう話しました。「今度の日曜日、街のトキハ（市街地の中心にある大分県唯一のデパート）前で薬害エイズに関する署名や募金のお願いをします。私も行きます。もし、その日、街に用事があって出かけていたら声をかけてね。」

そして当日、駐車場を探していてギリギリの時間に現地に到着。「先生、遅い。」すでに準備が整っている劇のメンバーほぼ全員がいました。劇のメンバーで考えて行動してくれたと感じ、嬉しかったです。

募金箱を持っている生徒のそばに、年配の女性が近づいてきて、大声でこう言いました。「はぁ～、エイズ。エイズなんかになんで募金とかせないけんのか。」女性はすぐ立ち去りましたが、イヤな思いをしているだろうと、私はすぐその生徒にかけよりました。すると生徒はこうつぶやきました。「おばちゃん、知らんのやな。知ればわかるよ。」そう言った生徒を誇らしく思えました。

その後、生徒たちは集会にも参加したりと、活動の場を広げてくれました。私はそれからも徳田先生のおかげで、薬害肝炎、ハンセン病、子宮頸がんワクチン等、人権について多くのことを学ぶようになりました。

約　束

教室をまわってエイズや性について語るようになってから、保健室に相談に来る生徒が増えました。内容は様々。友だち関係、親とのこと、自分の体のこと、でもやっぱり気になるのは性に関すること。悩んでいる生徒がすべて来ているとは思えません。本当はもっとたくさんいるんだろうなということも感じていました。

生理が遅れている、妊娠したかもしれない、親から性虐待を受けている、包茎かもしれない、先生からお尻をさわられた、同性を好き、等々。決していきなりその話はしません。私が１人でいるときを見ています。もちろん、単刀直入に話す生徒もいないわけではありませんが、だいたいは話すまで時間がかかります。

そして、こうも言います。他の誰にも絶対言わんで。

私は、万が一誰かに話す時は、「１人では助けられない。他の先生にも協力してもらわんと。」といって生徒を説得して行動していたでしょう。妊娠がわかった生徒たちには、お母さんだけには話そうと納得してもらってから対応しました。

生理が遅れていると言って来た生徒は彼と一緒に来ました。彼も中学生です。不安なことがあったら遅れたりするんよ。もう４～５日待ってみよう。でも彼の方は心配で仕方がない様子。「妊娠してたら彼女とかけおちする。」えっ！？かけおち、いやいや中学生がかけおちしてどうするん？そうこう言っているうち１週間後に生理はやってきました。本当にヨカッタ！

でも、その間、彼は保健室に毎日やって来て、性に関する本を読みあさっ

ていました。妊娠していないことがわかった時、彼は私にこう言いました。

「オレわかった。」

何が？

「一番の避妊法が、それはせんことや。オレ本当に彼女のこと好きや。一緒にいて話するだけで幸せや。手をにぎるだけで嬉しいんや。妊娠してないことがわかるまでの気持ちを考えたら、こんなに辛いことはない、彼女にも不安な思いをさせた。だからオレは決めた、彼女とセックスはしない。」たいへんな思いをしたからこその発言に、私はありがとうと思いました。

相談にきた生徒の中には、卒業式前日「先生、本当に誰にも言わんやったんやな。ありがとう。」「だって約束だからね。」妊娠中絶とたいへんな経験をしたけど、大丈夫。誰だって幸せになるために生まれてきたんだから。きっとステキな未来が待ってるよ。そう願うばかりです。

エイズに関する劇　エピソード２

教室をまわって性のこと等を語ったり文化祭で劇を上演したり順調に積み上げて来たものが、果たして次の学校で同じようにできるのかと異動したときは、不安でしかたがないものです。

しかし、ある学校へ行ったときは、ラッキーなことに教務の先生が前任校の保護者で、子どもから、私がエイズ学習や劇をしていたことをすでにいろいろ聞いていたようです。

４月始めに呼ばれて、「何したい？」とすぐ聞いてくれました。嬉しいなぁ〜。「職員研修と文化祭での劇。」即答でした。

とりあえず、夏休みに職員研修で、エイズについて取り上げました。

そして、文化祭でのエイズに関する劇の上演です。劇のメンバーの募集をかけ、オーディションを終え、いよいよ練習開始。

その頃から、３年生のちょっとやんちゃな女子が毎日保健室へ来るようになりました。そして、こう言うのです。「あられちゃん（当時、大きな黒ぶちメガネをかけていたので、生徒たちからそう呼ばれていました）、あんたも文化祭でくだらんことするんかい。」えっ、どういうこと？しかも毎日それだけ言って出ていくのです。エイズに対しての偏見？差別？毎日言われると、さすがに私もいい気持ちではありません。

ついに文化祭前日まで言われ続けました。

でも、言われれば言われる程、劇の指導に熱が入り、「絶対良い劇にしちゃる。」そう思ったのは確かです。文化祭当日、何とか無事に上演することができました。

翌日、彼女がやってきました。テンション高く、「あられちゃん、劇よかっ

たぁ。感動したぁ〜」そして抱きついて来ました。どうした、突然。でも思わず、「あ、ありがとう。」そう答えていました。

何故そうなったのかヒントにするため、前任の養護教諭が発表した文化祭のビデオを探しました。えっ、なかなかいいじゃん。けっして悪くない。ただ、私だったらここはこうするなと思うところは少しありました。エイズ学習としてはとてもいいと思いました。

でも、わかりました。当時、やんちゃがとても多かった学校です。彼らにとっては文化祭はあくまでもお祭。楽しみな行事です。その中にいきなり、エイズの劇というより体育保健委員会を使っての発表。勉強会です。しかも1時間も。

もったいないなぁ、これを文化祭じゃなくて、人権週間のときに全校集会で発表してたら、絶対彼女たちにも受け入れられたよ。私が上演するのは本当に劇。しかも長くても30分。だいたい20分ちょっとで終わり。えっ！もう終わり？と思わせるのがちょうどいいんです。そして、エンディングは観客と一体となる工夫も忘れてはいけません。

でも、あ〜っ、もったいないなぁ。

銀行員

当時の給与は、まだ現金支給でした。だから、いろんな銀行の方がけっこう学校に出入りしていました。銀行に行かずに入金出金できていたので、ありがたかったです。

そんなある日、顔見知りの若い銀行員が保健室を訪ねて来ました。いつもは職員室で対応していたのでどうしたんだろう、私は全く用事はないよ？と思い、「どうされたんですか？今日、私何も用はないんですけど。」と聞いてみました。

すると、「今、職員室へ行ったら、先生たちの机の上に保健だよりが配られているのを見て、僕も読みたいと思ったんです。よかったらほけんだよりいただけませんか？」何？そんなことお安い御用です。嬉しいなぁ、学校関係者以外が私のほけんだよりを読んでくれるなんて。

彼は結局、私がそこの学校を異動するまで、ずっと読んでくれていました。しかも、異動してもぜひ読みたいと言ってくれて。だから1年分をまとめた1冊を毎年送っていました。必ずコメントをくれるので、それを読むのが私の楽しみでもありました。

私が退職するまで私のほけんだよりの愛読者でした。いや、やばい。最後の1冊まだ送ってなかった。ごめんなさい。早急に送ります。また感想送ってくださいね。

こんな風に応援してくれる人が学校以外にいることが、私が仕事をする中でたいへん支えになりました。今思えば、彼が学校を訪れた日にちょうどほけんだよりを発行していてよかったよ。ありがとうございます。

ガングロ

大規模校では保健室に来る生徒より、来ない生徒の方が多い。私は見かけちょっと恐そうなので、もしかしたら保健室に来づらい？佐藤益美ってこんな人だよ、何かあったら保健室来ていいよということを伝えたい。そして、性のことを話して大事なことだと知らせたら、学びたい人はちゃんと学んでくれる。そう思い、教室を回ろうと思いました。

学年に話をして予定を組んでもらいます。その時の条件です。①週２コマまで。②同じ日に入れない。③教室に担任がいる。④保健室に空き時間の先生がいる。８～９クラスあっても１ヶ月あれば回れます。

教室に行くために性の本を積み上げてあれこれ資料を見ていたら、保健室の入口がガラガラと開きました。見ると、ガングロのお姉ちゃんたち。「入っていい？」今は誰もいないからどうぞ。

彼女たちは月に２～３回保健室に現れます。というか、学校に来る＝保健室のみ。彼女たちは保健室をのぞいて、私が忙しそうにしていると、「今日はたいへんそうだからまた来るね。」と帰っていきます。無理に入ってきません。せっかく来たのに申し訳ない。

その日、私の本や資料を見て、「これ何？えっ、学校来たらこんなこと教えてもらえるん。私たちも教えてもらいたい。」いいよ。「でも、こんなん（ガングロ）で教室行かれん。」大丈夫、保健室で話を聞けばいいんだよ。

それから、月２～３回、保健室で性について彼女たちに話をするようになりました。教室では話さない、踏み込んだことも必要です。

彼女たちは性について学ぶようになって、こんな発言をするようになりました。「今まで自分には何も関係ねぇと思いよったけど、自分にも関係あるんでな。自分だって妊娠するかもしれんし、性の病気にもなるかもしれん。何かな、考えて行動するようになったんで。」

きちんと学べば考えるようになるんだよ。

この言葉は、その後の私が性を語るときに後押しをしてくれる大切なものとなりました。ガングロのお姉ちゃんたち、みんな同じ化粧・かっこうなので、いつもどっちがどっちか、すぐには見分けがつきませんでした。個性を出すって…、一緒じゃん。

私が授業に行っている間、保健室に居てくれた先生たち、ありがとうございました。「オレがいたけん、ドア開けたら皆帰った。」「教室で全く話したことない生徒たちといろいろ話せてよかったよ。保健室っちいう空間がそうしたんやね。」なんて言ってくれたりしました。

山田　泉ちゃん

ひょんな形で出会ってしまった泉ちゃん。彼女は豊後高田、私は大分、と勤務地はちょっと離れていましたが、時々、学びたい人たちとともに性や人権について学習をしていました。お互いの実践についての情報交換も。

とにかく彼女の行動力はすごいです。しかもやり方も半端じゃない。けっしてマネはできません。

彼女はこんなことを言っていました。「益美ちゃん、養護教諭の敵って知っちょん？」知らん！？「それはな、養護教諭なんや。出る杭は打たれるっち言うやろ。でも出過ぎたらもう誰も叩かん。だけん、益美ちゃんも出過ぎればいいんよ。私、養護教諭の友だちあんまりおらんのや。」いやいや、敵って何、叩かれるってどういうこと！？何があったん？きっとそれは、あなたの実践が羨ましかったんやないんかなぁ。それを素直に認められんやったんかなぁ。

2000年、彼女に乳がんが見つかりました。治療のため学校を休んでいる間に、オードリーの会という乳がん患者の患者会を立ち上げました。転んでもただじゃ起きない泉ちゃん。「だって、乳がんの人じゃないと乳がんの人のことわからんやろ。益美ちゃんも早く乳がんになってオードリーの会に入りよ。ならんと入れんけんな。」いやいや、どんな誘い方しよんのね（笑）。

治療を終え、様々なことがあったみたいだけど、復帰してさらにパワーアップした泉ちゃん。いのちの授業をガンガンおこなっていました。

時々､私の学校に講演会の案内がファックスで届くんです。しかも前日。まぁ忙しいだろうししょうがないかと思いながら翌日の段取りを考えて、午後から休みをもらって講演会に間に合うように出かけます。

「え～、益美ちゃん忙しいのに来てくれたん。」いやいや、泉ちゃんが来いと昨日チラシ送ってきたでしょ。は、心の中で。

そうこうしているうちに、泉ちゃんに再発がわかりました。しばらくお休みして、復帰したとき、更にエンジン全開です。私にこう聞くんです。「益美ちゃん、私大分県で一番変な養護教諭なんよ。（よくわかっちょんやん）そんでな､2番目ち誰か知っちょる？」そんなんわからんわ～。「それはな益美ちゃん、あんたで。」きゃあああああ、ありえない～～～。泉ちゃんが1番変で、私が2番目というなら、その差はすご～～～くあいてて、2番、3番、4番……ずっとの人たちはドングリの背くらべやぁ。

泉ちゃんがある日、「学校をやめる。」と連絡して来ました。今まで、「やめたい。」と言ったことはありましたが。その時は､「泉ちゃんが学校でがんばっていることが私の励みになる。やめるのはいつでもやめられる。続けてほしい。」と答えていました。

「やめる。」と。もう決心したんだな。「自分で納得してやめるんだったらいいんじゃない。」「うん。したいことがあるんよ。映画や芝居をみたい。旅行にも行きたい。自分のために時間を使いたい。」

そう言って退職した3月の翌月、乳がんが再々発していました。医者から、「山田さん、もう治りません。残された時間を好きに生きてください。」そう言われたとか。あたり前ですが、へこみ方がひどく、どう声をかけていいかわかりませんでした。

でも、さすが泉ちゃん。しばらくしたら、こんな私でもできることがある、と県内はもちろん全国をまわって『いのちの授業』と題して自分のことを話

しはじめました。講演会に行けるときは私はどこまでも行って、聴いていました。泉ちゃんはその度に、「益美ちゃん、また来たん？私、同じ話しかせんのに。もう何回来よんの。」「いいんよ。何回も聴きたいんよ。」

そして、2008年11月、彼女は旅立って行きました。悲しくて悲しくてどうしていいかわからず、気がついたら彼女の歌を作っていました。

♪　ありがとう　　佐藤益美 作詞／作曲

忘れないよ　あなたの笑顔
あなたの思いをいつまでも
ともに笑い　ともに泣いた　仲間じゃないか
あなたの足元にもおよばないが
自分の道を歩くよ
生きることのすばらしさ　いのちの大切さ
人の優しさ　ぬくもりを伝えていくね
あなたに会えてよかった
またいつか会いたいよ
きっとまた会えるよね
ありがとう　泉ちゃん
♪

ハンセン病・映画『あつい壁』

「支える会・大分」に通うようになって、「ハンセン病問題の全面解決を目指して共に歩む会」(以下、歩む会) に出会いました。

ハンセン病といえば、看護学生で20歳になる頃に、熊本の国立ハンセン病療養所菊池恵楓園に貸切バスに乗り、一日研修で行ったことを思い出します。

その頃はたいした知識もありませんでした。当時は、いわゆる『壁』がまだ多く残っていました。今行っても見られない展示も見た記憶があります。

どうでもいいことですが、帰りに車酔いをしてしまい、阿蘇でバスをとめて1回外に出たら、もう気持ち悪くてバスに乗りたくない。「私は別府まで歩いて帰る、バス行って」と、あたりはすっかり暗くなっているのに、そんなわけのわからんことを言ったのをはっきり覚えています。

歩む会と熊本の菊池恵楓園そして鹿児島の星塚敬愛園は何度も訪ねて、回復者さんとの交流を通して、ご自身に起きたこと、その時々の思いにたくさん触れさせていただきました。知れば知るほど、もっと知りたい、生徒たちにこのことを伝えたいという思いは溢れてきました。市民学会にも参加して、岡山、香川、草津、青森の療養所も訪れました。

エイズ学習、エイズに関する劇のとりくみをする中で、9月、映画『あつい壁』を観ました。この映画、生徒たちにぜひみせたい。そう思ったらもう行動していました。意外にもすんなり、11月に全校生徒にみせることになりました。

『あつい壁』という映画は、「昭和28年に熊本で起きた黒髪小学校事件を骨子に、一市民一家の悲劇を通して、ハンセン病への偏見と差別を告発した作品」です。

『あつい壁』を観ての生徒の感想より

●20年も前の映画ということで「らい病」というものがどんな病気なのか具体的にはわかりませんでしたが、病気に対して考えなければならないことは、今も昔も同じだと思いました。病気への偏見や、病人・病人の家族への差別など、現在私たちの社会がエイズ患者さんに対する態度などと重なるものがあると思いました。

映画で印象的だったのは、らい病の子どもが入ってくるのを反対する親たちを見て「なんで反対するのか。」と言っていた人たちが、自分の身近な事になると態度が180度変わったことです。勝手だと思いましたが、反面ドキッとしました。

私たちは映画を見たり本を読んだりして、病気の人へ同情したり励ましたりします。でも、その人が身近に来たりしたとき、普通に接することができるでしょうか。残念ながら、私には映画と同じようになる人が多いのではないかと思えるのです。しかし、それは改善しなければならないことだと思います。そのためには、差別などをなくし、また差別を許さない社会づくりが大切だと思います。

「らい病」も「エイズ」も病人やその周りの人たちの問題ではなく、私たちも自分がその立場になった時を仮定し、病気、それに関連する問題に取り組んでいかなければ、なにも解決はできないんだろうと思いました。

●私の感じた一番のことは、今も昔も偏見というものはおそろしいということです。確かな安全が保障されていても、自分の思い込みだけで決めつけてしまうのはなぜでしょうか。反面、もしそれが私にふりかかってきたらどうなるだろうと考えてみると答えが出ません。やはり、万が一というこ

とを考えてしまうかもしれません。

でも、映画の中でも言っていた「万が一を考えていたら何もできない。」ということを思い出してみました。

確かに、人間の偏見というのは完全にぬぐいさることはできないのかもしれません。でも、人間は考えることができるはずです。そのことに気がつかなければ、今から未来へ向かって何の進歩もないのかもしれません。私たちが変えていかねばならないと思いました。

「あつい壁」の上映会の後、「らい病っち、どげな（大分弁：どういった）病気な！？」という声が多くきかれました。ごめんね、そうだよね。あわてて「らい病」について、ほけんだよりを書きました。

修学旅行の引率を終えたかと思ったら、『あつい壁』の上映会、文化祭でエイズに関する劇の上演、映画『地球っ子』の観賞会と槙坪監督の講演会を1週間で行い、その1週間後には人権を考える集いを開催するという日程の中だからって、ソコが抜けたらいけんやろ。先に病気について説明せんと。

でも、今考えても恐ろしいほどのスケジュール…。よくこなしたよ。思いと若さの勢いはすごい！！

映画『地球っ子～いのちと愛のメッセージ～』と槙坪監督の講演会

初めてエイズに関する劇を上演しようとしたとき、いちゃもんをつけていた教頭先生が、終わってからすっかり私のよき理解者になったことは前に書きました。今回の映画の観賞会・講演会はその教頭先生のご尽力のおかげです。

教頭先生とはその後もご縁があり、私が何年か後に行った学校で、学校評議員として再会しました。校長先生として定年退職された後のことです。

ある会で、私が性教育の必要性を語ったところ、ＰＴＡ会長から、「うちの中学校に必要ない。」と言われました。まぁ、時間をかけてわかってもらおうと思っていたら、同席していたあの教頭先生が語りはじめたのです。いかに必要で大事なことなのか。ＰＴＡ会長さん、あっさり「うん必要。」と言っていました。良い人♡

さて、映画「地球っ子」ですが、これはエイズの問題、感染者との共生、性教育など、「いのち・愛・共生」をテーマにした、小学生の亜美の親子関係を中心に描かれています。

映画と講演会の生徒の感想

●私は、最初はエイズ問題だけと思っていたのに、いろいろな問題をとり入れてあって感動しました。監督の話にも感動しました。リウマチになって20年も薬づけにされて手の関節が曲がってしまったことや、映画を作るために生命を注いできたこと、どの話にも心を打たれるものがありました。

自分のように難病で差別をされている人のことを励ましてあげることなどの大切さを教えてもらったとき、「私の気づかないところでも差別はきっとある」と思い、そのような人たちに心の手を差しのべてあげたいという気持ちがわいてきました。

この気持ちを私は忘れない。(1年)

●今まで人間のしてきたことは何だったんだろうと、この映画をみて考え直すことができました。エイズをはじめとするたくさんの病気の人、または高齢者・子ども、たくさんの問題がでてくる中で、僕たちは偏見を持ち差別したりしていました。

エイズに対しても、それなりの知識を持ちさえすれば、感染者または患者のつらさを理解し話し合うことができると思います。その他のこともよく考え理解し、愛情を持って接すれば解決策はあるはずです。

「地球っ子」は僕たちに考えなおすいい薬になり、また感動しました。日本・外国では差別やいろいろな問題が起っていますが、じきになくなることを願います。(2年)

人権を考える集会

最初に、３年生が「人権週間の意味と今日の集いの意義」を話しました。そして徳田靖之弁護士の「ＡＩＤＳを生きる子どもたち」の講演。休けいをはさんでパネルディスカッション。司会は人権担当のＩ先生。パネラーは徳田弁護士、生徒はそれぞれの学年から３人、そしてM先生、あとは私、佐藤益美です。

集いの生徒の感想

●今日の集いで、エイズに対する差別や偏見が消えていないと思いました。特に、アメリカの大学生と日本の大学生にアンケートをとった時、ＨＩＶ感染者・エイズ患者のいる病院へ行きたい人は、日本は少数でアメリカでは半分が行きたいというのには驚きました。いやぁ、あきれてしまいました。日本はまだエイズに関する意識が低いことを改めて実感しました。やはり、血友病患者をエイズにおいこんだ国や製薬会社はきちんと保障すべきです。

２年前、俺がテレビを見ている時、エイズに関するＣＭがあったのに、今は音沙汰もない。日本はこれでいいのか！！（3年）

●自分は、「人権を考える集い」で学んだことがいろいろあります。１つ目は、エイズの感染者・患者を差別しないこと。２つ目は、エイズの感染者・患者と普通に過ごすこと。かわいそうと思ったらいけないと思います。そして３つ目は、自分自身がエイズの感染者になったときのこと。いや、エイズにならないとわからないかもしれません。

ＨＩＶ感染者、エイズ患者の人たちはとても強いと思います。みんなから差別とかいろんなことをされても、一生けんめい生きています。自分もこのような人たちになりたいです。そして、ＨＩＶ感染者やエイズ患者を差別する人を許さない人に、自分はなりたい。(2年)

エイズに関する劇　エピソード３

２年目までは、私が所属する学年の生徒たちと、学年企画という形で劇を行っていました。次の年からは、全校に募集しオーディションということにしました。生徒たちから、「益美先生の学年やないと、劇に出られんの？」「学年違っても劇に出たい。」そんなことを言われました。ありがたいことです。

その２回目の文化祭の劇が終わり昼になったとき、ある先生からそっと手紙をいただきました。

◎１年生の学年企画をみて「エイズについて考えよう」

１部・２部を通じて、グイグイ劇の中にひきこまれる自分を感じました。エイズの国際会議での各国の取り組みと課題。そのあと、緑ちゃんと赤ちゃんの登場。変転の場面構成。２人のやりとりとバックの音楽もすばらしいの一言です。やさしさのあふれる２人の会話は、かなしい、つらい語りをあたたかくつつんでくれました。緑ちゃんははまり役でした。赤ちゃんは演技が上手でした。血友病でＨＩＶ感染者の話は深く心に入ってきました。どうつき合っていったらいいか、偏見をとり去らなければならない必要性もわかったと自然に思う生徒も多かったでしょう。忘れられないのは、友達を呼んで、もう、列車の縄の中に入れない時の呼びかけの言葉でした。「みんなの心なら乗せることができます。」「みんな心を乗せよう。」という語りかけは、なんと深く心に入ってくる言葉だったでしょう。そのあとの出演者のあいさつ、観衆と一体となった拍手は心地よい春の風のようでした。鳴りやまない心の拍手が今も聞こえるように思うのは私１人でしょうか。ごくろうさまでした。Ｍより

M先生、身に余るお言葉ありがとうございます。そこで益々はりきってしまう私です。これ以後、ずっと突っ走ってしまいました。

学校も変わり、エイズに関する劇もちょうど10回目の上映を終え、しばらくした頃、地元新聞の「立ちばなし」というコーナーに劇のことが投稿されていました。私は全く知らず、友人たちのメールや電話でそのことがわかりました。後にA君が、「これお母さんから。」と手紙をくれました。新聞の記事はずいぶんカットされて掲載されていたので、全文を先生に読んでほしいと書いてありました。特に、一番言いたかったことがカットされていたとも。

A君のお母さんの投稿でした。

◎めぐり逢い紡いで

『ABCキルト〜文化祭での想い、私たちにできること〜』

これは、息子の通う中学の文化祭でのエイズ関連劇のテーマ。演劇部でもないのに、「みんなに伝えたい」という情熱とやる気で編成された、その日1日限定、29人の劇団。それまでの練習の成果が大きく花開いた本番。長年文化祭でエイズをテーマに取り上げ、今年も指導してくださったのは養護の先生。ともすれば、差別や偏見でとらえられがちなテーマをあえて、生徒たちにわかりやすいように、笑いもまじえ、頭に教えるのではなく、心に問いかけるという教育を実践している。

最初の頃は、反対されたり理解も得られず大変だったと聞く。そんな地道な取り組みも今年で10周年。想いは草の根的に着実に生徒たちへと広がっている。劇のフィナーレで突然、メンバーから大きな花

束を贈られ、戸惑っている先生の姿を見て思わず涙がこぼれた。

メンバーは文化祭のテーマでもある『新しい自分』を見つけたようだ。大きな拍手の中、少し照れながらもお互いに連帯感をかみしめ合っている顔は、どれも輝いていた。そして、それは全校生徒へと伝わっていた。

文化祭のあと、「感動した。」「大切なことを教えてもらった。」「今、自分にできることは何か。」など、いろいろな感想が寄せられ、一人一人の生徒の中で何かが確実に変わっていた。

劇のメンバーで一針一針想いを込めて、一生懸命に作りあげたＡＢＣキルト。世界のどこかで、小さな赤ちゃんをあたたかく包みこんでくれるだろう。みんなのやさしい気持ちがいっぱいいっぱいつまっているから…。

『ＭＹ　ＲＥＶＯＬＵＴＩＯＮ～見つけよう新しい自分』私も新しい自分を見つけようと思った。

ステージ上で大きな花束をみた瞬間、こいつら何？また何やらかすん？もしかしたら、このステージで告白するん？もうミーハーやなぁと思っていたら、「益美先生、劇10周年おめでとうございます。」えっ、私に？そりゃ、さっきまで生徒たちを疑っていた私は戸惑います。Ａ君のお母さん、そんな私が一番ミーハーです。ごめんね。生徒のみんなが話し合って買いに行ってくれて、ここで渡そうと計画したんだね。ありがとう！本当、益美のバカチンが…。今回のステージで一番反省した私です。

がらくた座人形劇　木島知草さん

木島さんと初めて出会ったのは、1994年の３月、市民集会「よりよくエイズを知るために」でした。私はそのときのことを、こんな風にほけんだよりで紹介しました。

『人形劇と語り・木島知草さん。鼻・ハナハナァー、口・クチは何のため？「おしゃべりする」「空気を吸う」「キスをする」。まずは、みんなで人さし指２本で体のあちこち触りながらのゲーム。「おへそは赤ちゃんの時、栄養をもらっていたところ。目をつむって、お母さんのお腹の中に住んでいたことを思い出してありがとうって言おう。」…

メモリアルキルト（思い出の布）というＡＩＤＳ患者、その周りで寄り添い生きた愛する人、家族・友人達が作りあげた生命の布の紹介。そして、赤と緑の手袋で作った女の子と男の子の人形劇。自称エイズおばさんだけど、とても若々しくお姉さんといっても全くおかしくない。本当に若々しく笑顔がステキで生き生きとして…。でも、語りはとても自然。』

赤ちゃん緑ちゃん、いい！ぜひ私の劇にこの演目を取り入れたい。木島さんに、赤ちゃんと緑ちゃんを使わせてほしいと手紙を書きました。木島さんはそれは著作権のことがあるけど、どうぞと返信をくれました。連絡が後手にまわることもありましたが、練習前になるべく連絡しました。

歳を重ねる度、日々の勤務状況が忙しくなっていき、その年も早くしないと練習できないとあせっていました。そうだ、今年度はずうずうしいけど長

野の自宅に電話を入れてお願いしようと決めました。明日、朝8時に電話するぞ。出なかったら、その時はすぐ手紙を書いて投函しよう。そして練習を始めよう。

翌日の朝8時、トゥルルートゥルルー。「はい、木島です。」(よかったぁ、出たよ。)「私、大分で養護教諭をしている佐藤益美です。朝早くからすみません。」「あっ、いつも赤ちゃん緑ちゃんの劇で連絡をくれる養護の先生ですね。」(わぁ、知っていてくれた。よかったぁ。)「今日はすみません朝から。」「いえいえ、ちょうどよかったわ。昨夜、県外から帰ってきたばかりなの。今から30分後には、また出かけないといけないの。」「忙しい時に申し訳ないです。またかけなおします。」「いいの。明日から四国に出かけるからしばらく長野にいないの。だから、ちょうどよかったのよ。」(えっ何？このタイミング神技すぎる。)「今日はどうしましたか？」

私は、何故エイズに関する劇にこだわっているのか、日頃の思いのたけを木島さんに聴いてもらいました。「あなたも本当にたいへんだったのね。あなたは大丈夫。長野からパワーを送りますよ。」私はお礼をいい、深々と頭をさげ電話を切りました。すごい。私って、なんてついているんでしょ。「神様ありがとう。」と叫んでいました。

あれは、2018年8月のことでした。長野で全国セミナーが開催され、大分の友だちと参加しました。1日目は全体会。2日目は、午前はその友だちのK子さんの発表で、私は司会を担当しました。そして、午後は別々の分科会に出て後で環流しようということにしました。

3日目は全体会です。先に席に座っていた私の横に、K子さんが遅れて座りました。「誰かに会っちょったん？」「うん、昨日、午後の分科会が一緒で、隣に座った人なんやけど、なんか人形劇する人らしいよ。それで、渡したいものがあるって、これもらったんだけど。」と。なんということでしょう。それ、木島知草さんの絵はがきやないかぁ～。「えっと、その人はこの会場におるん？」「前の方の真ん中あたりかなぁ…名前は…」みなまで言わんでもよろしいよ。「ちょっといってくる。」

バタバタ階段を降り、木島さん、木島さん、…と探したらいました。いました。確かに、木島知草さんです。「木島さん、大分の佐藤益美です。」「わぁー、あなたも来ていたのね。どうしてわかったの？」「昨日、分科会で一緒だったという友だちが、今もらったのっていう木島さんの絵はがきみせてくれて、あわてて探しました。」「ちょっといい？」と木島さんの隣りへ座り、講座がはじまるまでしばらくあれやこれやとお話しました。すごい出会い！！何百人ものいる参加者の中で、K子さんよくぞ、その分科会へ！しかも隣りに座ってくれてありがとうです。ついてるどころのさわぎじゃなく、感謝いっぱいの研修になりました。

木島さんは相変わらず優しく、本当に会えて感動でいっぱいです。

大分に帰る道中は長いのですが、舞い上がっていて全く疲れ知らずです。木島知草さんに出会えてよかった。木島さんに会わせてくれたK子さんにありがとうです。素敵な長野のセミナーでした。

一人芝居『冬の銀河』茅野明さん

茅野さんの一人芝居「冬の銀河」をご存知の方もいるでしょう。もちろん、見ましたよという人たちも。

『この芝居は、非加熱製剤でエイズウイルスに感染し、1996年秋に44歳で亡くなった草伏村生さん（ペンネーム）の闘病記「冬の銀河」を一人芝居にして演じているものです。エイズ禍を告発し、共生の社会を願った草伏さんの思いを伝え続けています。』

私は20数回観ました。草伏さんがお元気な時は、草伏さんの講演も一緒でした。草伏さんが亡くなった時、茅野さんは「もうやめようか」と気持ちが揺らいだそうです。「でも薬害は終わらないし、被害者が受けた差別やいじめはなくならない。彼の思いも伝わらなくなる。」そう思い、再び舞台に上がったと言います。この一人芝居には、本当にたくさん受けた差別やいじめの実態が、なにより被害者の思いや願いがたくさんつまっています。より多くの生徒たちにこの現実を知ってもらいたい。観せたい。と、私の思いは私が一人芝居を観るたびに膨らんでいきました。

そして、ある学校で、一人芝居「冬の銀河」を上演するように計画を立て実行することになりましたが、実はそのときの学校はかなりやんちゃが増えて荒れていました。果たして最後まで無事に終わるのだろうか？と、ちょっと心配になりました。

午後からの観劇会。午前中からお連れ合いさんと準備している茅野さんのお手伝いをしようと、体育館に行きました。「茅野さん、今日はよろしくお願いします。お手伝いします。」準備を一緒にするといっても、私ができることはあまりありませんでしたけど（笑）。

茅野さんに私の不安を思わず聞いてもらいました。

「茅野さん、実はうちはサルが出るんです。」「サルですか？それはオスですか？」いやぁー、茅野さんそうきましたか。「実はオスもメスもいるんです。」「両方ですか？」「そうなんです。そうならないように気をつけますが、万が一ということもあるので。」「まぁ大丈夫でしょう。そのときはそのときで対応しましょう。」ありがとうございます。よろしくお願いします。

給食後、変身しそうなやんちゃ組、帰ろうとしていました。思わず見つけて体育館へつれて行きました。３組のＣちゃんはここ、あなたはここ。「いや、なんで勝手に座らせよるん。」たぶんクラスと出席番号から言って、このあたり。「帰るち言いよるやろ。」と反抗する間に、すでに多くのクラスが体育館に入っていました。出そびれたやんちゃ組は、仕方なくその場に座りました。やれやれ、無事に終わることを祈るばかりです。

今回の劇、何故かはじめからずっと大号泣でした。そうかぁ、今日は草伏さんの命日だぁ。生徒会長にはそのことだけは伝えたなぁ。芝居は何ごともなく無事に終わりました。生徒会長が花束を持ってお礼の言葉を言うためにステージ中央に立ちました。「全校の皆さん、今日は草伏村生さんの命日です。全校で黙祷をしましょう。お立ちください。」

生徒会長ナイス♥命日と伝えただけなのに、すべての段取りができているよ。ありがとう。わぁ、やんちゃ組もちゃんと立って黙祷しているよ。では、私も黙祷です。ごめんね、サルとか失礼なこと言っちゃったよ。

生徒会長のお礼の言葉はとても立派でした。学校での様々なとりくみを通して、エイズのことを理解してくれていた。自分たちにできることは何か、

思いや願いを込めて、茅野さんへ花束を渡す姿も素敵でした。ありがとうね。

終わってから、やんちゃ組のところへ行ったら、こんな言葉が聞こえました。「帰らんでよかった。なんか感動した。」「こん人もたいへんやったんやなぁ〜。」あなたたちも素敵♥です。

生徒たちの感想

●なぜかわからないけど、ふと今の自分と照らし合わせていました。エイズという病気をかかえながら今を生きることに精いっぱいに、そして充実させようとしている人と比べ、今の自分は何をしているんだろうと深い疑問に突き落とされました。ぼくは、毎日を生きることはどれだけ大切かということを忘れていたような気がしました。生きているだけですばらしい、生きていくことに生きがいを感じる、そんなことがあったか。それすらもなかったと思います。ぼくは今とても毎日がいやでした。いやでいやでたまらなくなり、抜け出したい時がたくさんありました。でも、今日の劇を見て、生きることの大切さや、生きることに必死になっている人、そんなことがあっていることをつくづく知り、新しい何かを見つけるために生きようと思うようになりました。本当によかったです。(3年)

●医療・企業・国がすすめた血液製剤で感染したエイズなのに、ダウンの上から聴診器をあてることや、教室に入れないなど、様々な差別を受けたことがわかりました。私が一番感動したのは、ゆう太さんが「僕はエイズだ。」と友だちに言って、その友だちが「それがどうしたん？」と聞き返したところです。ただエイズになっただけで1人の人間ということに変わりないということもわかりました。今日一日でいろいろ学ぶことができました。(2年)

草伏村生さんとM君を偲ぶ薬害エイズの集い

「草伏村生さんとM君を偲ぶ薬害エイズの集い」……『ＨＩＶ薬害訴訟原告・草伏村生さん（享年44歳）とM君（享年17歳）は、1996年10月にともに帰らぬ人になりました。私たちは彼らや彼らの闘いを忘れないために、そして彼らの意思を引き継ぎ薬害エイズの問題や関連する問題を考え支援していくために、毎年11月3日に集会を開催しています。』

1996年の11月はお別れ会でした。翌年から偲ぶ会になっています。もちろん今もそれは続いています。私も余程のことがない限り参加しています。修学旅行や文化祭と重なったときは仕方がない…（いやいや、あたり前でしょ）

さて、一人芝居が命日だったあの年も、もちろん参加しました。そのとき一緒に参加した学年長が私にそっと手紙をくれました。

『「人・思う」と書いて「偲ぶ」「偲」という文字を見ながら思い出していました。校長先生のお話の「信」と「偽」。安全という言葉を信じた結果ひきおこされた薬害。ここでも「信」からあまりにも遠い人の言葉。ありし日の草伏さん、M君のことば、そして彼らを見つめつづけてきた徳田弁護士の「エイズを生きた子どもたち」のお話は心に迫るものでした。草伏さんの「時間が過ぎていくと社会は変わっていくんだな。変えられるんだな…。」という言葉が重く心に響きました。そして何かを伝えられる自分自身ができること、すべきことはたくさんあると思いを新たにした1日でした。』

偲ぶ会で草伏さんのお母さんにお会いしました。「佐藤先生、命日に一人芝居を開催されたそうでありがとうございます。茅野さんが帰りに寄ってくださって、学校からいただいたお花をうちに置いてかえりました。すみません。生徒さんは一生懸命、『冬の銀河』の芝居を観てくださったそうで…。ありがとうございます。佐藤先生、どうぞ生徒さんたちや先生方によろしくお伝えください。」

M君のお父さんは、いつもポケットにM君の高校２年生の時の生徒手帳を入れています。「くじけそうになったらそれを見るんや。するとMが激励してくれるんです。」

草伏さんのお母さんとM君のお父さんに、生徒たちの今までのエイズ学習の感想を渡しました。

ある日の保健室　パート１

もし、いきなり中学生から「刺してやる」と言われたらどうします？いや、どうします？ってそんな物騒なこと起こるわけないよね。普通は…。それが、そんなことが突然起こったんですよ、保健室で。

何時間めかは忘れてしまいましたが、喧騒な10分休みが終わり、しばらく保健室で体調をみた方がいい生徒と保健室登校の生徒にかかわっていたとき、いきなり保健室のドアがバーンと大きな音で開きました。そこには仁王立ちの生徒。怒鳴り声で「刺しちゃん！！」何？ついに私は刺されるのか？そう言えば何か月か前、他県で生徒に注意して刺されて亡くなった教師がいたな…。いやいや、よく見たら手元には何も凶器もない。教室で何かことがあって降りて来たんだな。こんなときの対応とても大事だよな、と。

刺しちゃんといわれて、頭の中一瞬いろんなことが駆け巡る中、間髪入れず同じ仁王立ちをし向かい合いました。もちろん距離は保っています。同じ口調で、「何があったんかい！？」と怒鳴っていました。すると、堰を切るようにおそらく教室であったことを懸命に説明していると思うけど、興奮しているので中身はさっぱり？？？それでも、私は同じトーンで、うんうん。そうか。と相槌を打っていました。

10分以上そんな調子でしたが、急に話が途切れたので私はこう言いました。「そりゃあんまりやったなぁ。」共感されたと思ったのでしょう。次の言葉が少し柔らかくなりました。とにかく保健室の生徒たち、もちろん怒鳴っている生徒も守らんといけん。ハサミやカッターを保健室登校の生徒たちはこっそり片付けていました。でも、相変わらず何をいっているのかさっぱり。

しかし、後半はかなり穏やかになりました。

途切れたところで、「よく教室で暴れんで保健室へ来てくれたなぁ。ありがとうね。」とそばに寄っていきました。すっかり落ち着いて、「先生、ここへ来たときの態度あんまりやったなぁ。今思うと恥ずかしい。先生、話を聴いてくれてありがとう。もう大丈夫、教室戻れるけん。」そう言って出ていきました。後ろ姿に「いつでも保健室に来ていいからね。」と声をかけました。

30分以上かかったこの対応、果たしてよかったのだろうか？

映画『わたしがｓｕｋｉ』＋
監督槙坪夛鶴子講演会

地元の新聞に、槙坪監督の新しい映画の上映会と監督の講演があると載っていたので、学年の先生たちを誘って参加しました。

槙坪夛鶴子監督より

「家にも学校にも居場所のない淋しさ。お金さえあればという風潮。買春を許容する社会の中で翻弄され、性的無知によって、さらにゆり動かされる思春期を過ごす少年・少女たち。高校２年生の３人の少女たちの〝援助交際〟発覚をきっかけに、「生徒を見捨てない」と、真正面から養護・担任・生徒指導部の先生たちは一人一人関わっていく。「援助交際、覚せい剤、ＨＩＶ、エイズ、性暴力、レイプ、メイクラブ」についての授業を通して、クラスの生徒たちも性とは何か、性的自立とは何かを考えていく。自分の性を正しく見つめ、生命の尊さ大切さを感じとり、「自分らしさ」を取り戻し、「わたしが好き」になって、これからの生き方に夢と希望が持てる大人になってもらいたいという願いで、実話に基づき製作しました。」

一緒に参加した１人Ａ先生の感想

「『今度、映画があるんだけどみませんか？』と、保健室の益美先生から誘われたのがきっかけでした。題名にとてもひかれ、すぐＯＫしました。映画は１時間半でしたが、あっという間に過ぎてしまいました。テーマは援助交際。最近よく耳にすることばでしたが、実態はどんなものなのかを、ある女子高校生たちを中心に、友だち・

家族・先生・恋愛といろいろなことを通して描かれていました。援助交際によって得るもの失うもの、そして失うものの中に一生傷を背負っていかなければならないもの、また援助交際がきっかけで引きおこる薬の乱用・エイズ・妊娠などたくさんのテーマがあり、これら一つ一つがすべてつながっており、考えさせられることがいっぱありました。「自分のことは自分が一番大切にしなきゃ」そのために正しい知識と周りの大人が子どもを信じ、まず聞いてあげること、そして「あなたが大好きだから、心配だから」という気持ちをもっと大人が伝えなければならないと思いました。映画には、学生さんから小・中・高校生を持つ親や先生、おじいちゃん・おばあちゃんまでいろんな人が来ていました。監督の話では、この映画のモデルは架空であるが、話そのものは実際のできごと。そして大分でもそのようなことが起きているそうです。もう他人事ではない感じです。監督の映画は他にもあるそうなので、今度は学校のみんなと一緒に観たいな。是非、観てほしいなと思いました。」

学年の先生たちと参加した映画の上映と監督の講演、2年後に前任校と同じように学校にお招きすることができました。今度は槙坪監督のお母さんも一緒に来ていただきました。生徒たちに映画（今回は「わたしがｓｕｋｉ」）と槙坪監督の講演をセットにして観てもらえるなんて、こんなに幸せなことはないなぁと嬉しくてしかたありませんでした。

今思えば、何故、7月の暑いときにお呼びしたのだろう…。体育館を閉め切って暗幕の中、生徒たちは汗だらだら流しながら真剣に観ていました。大規模

校でかなりやんちゃな人たちがいましたが、何一つ文句なく、空調設備のない中で最後まで。映画が終わり、カーテンを開けた時の生徒の制服は、えっシャワー浴びたん？というくらい汗でベッとりしていました。風が心地良かったです。熱中症が出なくてよかったです。

引き続きの講演。後ろのとびらから槙坪監督の車椅子を押すお母さん。生徒たちはどっちが監督？と登場を見守っていたようでした。

生徒たちの感想

- 監督はお母さんがいないといけなくて、お母さんは監督がいないといけないといいます。人間どうしで支えあうことが必要だとわかりました。(1年)
- 私は、自分を好きになるって大変だけれど、大切なんだと実感しました。私は自分がいやになったことが何度もあります。「死にたい」とか、「生まれ変わりたい」とか…。生きることがいやになったり…。でも、そんなことで薬物を乱用したり、本当に自殺したりするのは自分に負けることなんだと思います。どんなことがあっても負けてはいけないとこの映画と話で学ばされました。私はこれからも自分に負けないようにがんばって生きていきたい（3年)
- 性は恥ずかしいものじゃなくて、すばらしいものだと知りました。私は、みんなで今回の映画をみて、援助交際やレイプがなくなればいいと思いました。そして、みんなが自分の体のこともちゃんと知っていけたらいい。(3年)

虎井まさ衛さん

性同一性障害の虎井まさ衛さんのことを知ったのは、2000年1月東京での研修でした。

「性同一性障害」という言葉を知るかなり前、学ランでしか登校しない女子生徒に出会っていました。

当時は、教師はもちろん社会もよくわかっていない時代。その生徒、髪は散髪屋で切ってもらっていたようです。生徒指導担当もどう対応してよいかわからず、学ランを体操服にかえる、そのくらいでした。1人だけ教室で体操服は嫌なので、保健室へやってきます。私もまだ若く未熟で、その生徒からいろんなことを教えてもらう状態でした。

何が一番嫌って、生理が女をつきつけられて嫌だと言っていたなぁ。中3の1年間しかかかわれなかったから申し訳ない。段々と、学校へ来たり来なかったり…。

数年後、街で声をかけられました。サングラスをかけちょっと恐そうなお兄さんに。私はこんな人は知らんと無視して通り過ぎようとして…、顔をよく見たらMちゃん！？。声も低く、どう見ても男性。自分らしく生きているんだな、ホッとしました。そんなMちゃんに会えて本当に嬉しかったです。

さて、虎井まさ衛さん、虎ちゃんとは気がついたら親しくさせてもらっていました。私が東京に用事があって出かけた時は連絡をし、一緒にごはんを食べたり。虎ちゃんが大分へ来るときも必ず連絡くれて会っていました。虎ちゃんを同じ学校で3回お招きして、講演をしてもらったんだなぁ。

私はさまざまな性同一性障害の方の話を聴かせていただきましたが、やっぱり中学生には虎ちゃんが一番あっていると思うんです。性同一性障害のこ

とを学ぶことも大切ですが、虎ちゃんは「夢をあきらめない」「人と違うことをおそれない」というメッセージをしっかり伝えてくれるんです。

１回目は全校で、２回目は夏休みだったので教職員研修で、３回目は卒業式前でしたので３年生を対象に、講演をお願いしました。

全校で虎ちゃんの講演を聴く前に、『3年Ｂ組金八先生』の第６シリーズを全校で観ました。そして、虎ちゃんの講演会をむかえるにあたり、どういう姿勢で聴いたらよいのか担任の先生がクラスで話をしました。

「性同一性障害を知っていますか？」講演の感想

●金八先生をみてわかったけど、やっぱり講演会で聞いた方がよくわかりました。そのときの思いや、つらかったこと、かなしかったことなどいろいろわかりました。自分自身！！自分らしく！！というのがよくわかりました。(3年)

●「自分が半魚人のようだった」という話を聞いて、とても苦しかったんだなぁと思いました。私たちは性同一性障害の人の苦しみを理解できなくても、共感して現実を変えていける努力をするべきだと思いました。差別で殺されてしまう人が完全にいなくなるよう、私もできることがあれば力になりたいと思います。(2年)

●性同一性障害という中で、今までたいへんなことやつらいこともあったと思うけど、前向きに感情をぶつけてくれる話を聞いていて、とても感動しました。虎井さんのように体について悩んでいる人はほかにもたくさんいると思います。「自分がみんなと違っていても恥ずかしいと思うことはない」という言葉がとても印象に残りました。私たち一人ひとり違っていてもい

い、それがその人の個性だと思い、とても勇気づけられました。(2年)

職員研修は、全校で講演を聞いたとき在籍していた教頭先生が異動先の教職員にも聴かせたいということで、2校合同で教職員研修を行うことになりました。…大人は難しい。大多数は当事者の声に耳を傾け共感するのですが、頭の中コチコチの人がいて、なかなか受け入れようとしない。すでに世の中、体のことで悩んでいる人がたくさんいるにもかかわらず、です。

私自身も本当のところわからないかもしれませんが、自分だったらと考えることはできると思うんです。「自分の子どもがそうだったら受け入れられない」正直な感想かもしれませんが…。私だったらどうだろう。「よく話してくれたね。ありがとう。母さんにできることは何でもするよ。」と答えるかなぁ。子どもたちはよく見ています。この大人はわかってくれる人なのか、違う人なのか。

さて、3回目の講演です。虎ちゃんから突然電話がかかり、「大分に今度講演に行くんだよ。」「えっいつ？」えっ近いなぁ。次の日はどうしてるの？「翌日まるっと空いてるよ。その次の日まで帰ればいいから。」虎ちゃん、うちに来て。何とかするから。卒業式の1週間前かぁ。全校でとりくむには時間が足りない。でも、3年生は私のいのちの授業のシリーズをずっと受けてきているので大丈夫、聴けるなぁ。

まずは校長先生。「益美先生、虎井さんを呼ぶのにプラスの面しかないでしょ。マイナスは何もない。ただ、卒業式前なので学年長が何か考えてるかもしれない。学年長がＯＫならぜひ呼びなさい。」よし、次は学年長。「何で

も番組終わったら総集編ってあるじゃない。だから、いのちの授業・総集編っていうことでお呼びしたらいいんじゃない？」やったぁ〜素敵！次は教務だな。「益美先生、その方はどこからおいでになるのかな？」東京の足立区です。「東京から来るのに１時間は短い。２時間とりましょう。」ありがとうございます。そして、最後は教頭先生。「教頭先生、今度とら…」「わかった。虎井さんが来るんやな。謝礼のことやな。なんとかする、まかせろ。」カッコイイ。私まだ虎井さんってはっきり言ってないのに、すごいな教頭先生。

こうやって順調にことが進んでいきました。講演というより、３年生５クラスだけなので、虎ちゃんと対談みたいなのがおもしろいかもと、虎ちゃんに聞くと快くオッケーがでました。

いのちの授業・総集編を聴いて

●性同一障害の方は自分たちとは違うのかなと思っていたけど、虎井さんの話を聞いて、そんなことはなく自分たちと一緒なんだなと感じました。それから、虎井さんの話の中で一番印象に残っていることは、「みんな違うからいいんだ」ということです。今までは自分と違う意見を持ってる人がいると、やっぱり同じ意見を持っている人といることが多かったけれど、違う意見を持ってるからこそお互いを高め合うことができるんだと思うことができました。今日は、〇中の僕たちのために、東京からお忙しい中、自分たちのためにお話してくださってありがとうございました。「いのちの授業」の総集編が虎井さんのお話で本当に良かったなと思っています。また機会があれば「いのち」についてお話ししてください。

「命を見つめて」猿渡瞳さん

『故猿渡さんの作文「命を見つめて」(全文) 本当の幸せ、今生きていること』この新聞記事を読んだときの衝撃は忘れられません。13歳の中学生がどんな思いでこの作文を書いたのだろうか。彼女の心からの叫びが聴こえた気がしました。もう一度読もうと思っても、涙で文字が見えませんでした。これはもうぜひ、生徒たちに、保護者たちに、先生たちにも読んでもらいたいと、気がついたら新聞社に電話して、「ほけんだよりに是非載せたいんです。」とお願いしていました。「どうぞ。」と、快く了承してくれました。

『がんと闘い2004年9月に13歳で亡くなった福岡県大牟田市の田隈中2年猿渡瞳さんが闘病中につづった作文「命を見つめて」が家族や友人らを通して各地に伝えられ、感動と感謝の輪が広がっています。瞳さんは小学6年の冬に骨肉腫が見つかりました。転移して肺がんにもなり「余命半年」と宣告をされました。1年9か月に及ぶ闘病生活の中で「命の大切さ」をつづり、その1つは死後、全国作文コンクールで優秀賞を受けました。』

ほけんだよりに載せた翌日、大反響にびっくりしました。担任の先生が、「益美先生、すごいよ。毎日ノートの勉強がすべて作文の感想文でした。」きっと、先生方が帰りの会で扱ってくれたんだなとわかりました。

作文「命を見つめて」を読んで

●まず、この猿渡さんの作文を読んで、自分はなんて幸せなんだろうと思いました。日頃からなにか気にくわないことがあったり、きつく叱られたり

とかするとすぐ、「自分はきっと不幸なんだ。こんなことなら死んでしまいたい。」とか軽々しく思ったりしていて、なんて自分は馬鹿であさはかな考えをしていたんだろうと思いました。

なんでこんなに病気って残酷なんだろうって感じました。こんなに強い意志を持っていて、きっと明るいいい人だったろう人を、あっさりガンでこの世からいなくさせるなんてすごくもったいない。

初めて知ったことというか、今までガンってものになる人とかってやっぱり失礼だけど、中年とか高齢者の人がなる病気だと思っていたものだから、私たちの年の10代でもなってしまうものなんだということを知りました。骨肉腫というものが具体的にどのようなものだったのか知らないけど、骨だというのだから、きしむような痛さとかあったのかなって。どのようなのかわからないけど、やっぱりなにかしら痛かったんだろうなって思いました。

足にあったのだから歩けなかったりしたのかな。歩けていたのならいいのだけど。だって、歩くってそれだけでいろんなことをすることが可能になるし、人にとってやはり重要な動作だから。

人の命の重さと大切さを、改めて実感することができたような気がします。本当に、冗談ではなくて、ニュースとか毎日死亡者がでたとかいってるし、殺人事件って言葉もよく聞くものだし、いけない世の中だと思います。みんなが、「殺人」とか「自殺」とか言った言葉を使わなくなる日が来るといいと思います。

●私が感じたことは、「命の尊さは死と隣り合わせで、一日一日を大切に生きる人ほど分かっている」ということでした。これは当たり前かもしれない

けど､今の私たちは「生きる」と言うことをとても軽く見ていると思います。確かに、健康な私たちには命の大切さは忘れがちなことかもしれないけど、やっぱりこれは忘れてはいけないことだと強く感じました。戦争や殺人これらは私たちだけの力ではどうにも出来ないことだけど、いじめのような私たちがなんとか出来る小さな問題から、少しずつそういったことが原因で亡くなる人がいなくなってくれるようにしたいです。

自分の病気と闘いながら命の大切なメッセージを残してくれた猿渡さんは、本当に心が強い、輝いている人だと思いました。この作文を読み感じたことが無駄にならないよう、自分の命を大切に強く生きていきたいです。

この時、私は1年部に所属していました。翌年度も1年部で、学年長も一緒です。学年長から、「益美ちゃん、『命を見つめて』をこの学年にも紹介してほしい。」と頼まれました。やったぁ、私もぜひ生徒に読んでほしいと思っていたので、嬉しいお願いでした。1時間のいのちの授業で知らせたい、どうでしょう。というと、「まかせました。」との返事。

何をどう話したらいいのか自分なりに考えました。まず、人権について話をしたい。そして、ガンと向き合い懸命に生きている山田泉ちゃんの前向きな話を、そして私が今までかかわった生徒の中にもそんな人がいたな。そんな人たちを紹介しながら、今生きていることがすばらしいことなんだと伝えていきたい。そして、猿渡瞳さんの命を見つめてを読み聞かせよう。そう考えました。

当初、命を見つめての作文は私が読んでいました。2006年10月、西日本新聞社の安武信吾さんの食育の話を聞くまでは。講演が終わって一緒に食事をしている時に、話の流れの中で、猿渡さんの作文を読み聞かせていますって言ったら、「彼女が弁論大会の時の録音があるので、それをＣＤに焼いて渡しましょう。ただ、録音のために録音していないんです。大会でのことを録音しただけなので雑音も入っていますが。」いや、いいんです。ありがたいです。

それ以来、授業ではＣＤを聴かせています。

安武さんはいずれ有名になる「はなちゃんのみそ汁」のお父さんです。私が出会ったときは、おつれあいさんは治療していた頃です。安武さんのおつれあいさんの入院先には猿渡瞳さんも入院していて、猿渡さんが亡くなって追悼コンサートを企画したのがおつれあいさんで、出演もしたそうです。人ってつながっていますよね。

猿渡さんのお母さんともいつだったか電話で話をしました。「もう亡くなって何年もたつのに、取り上げてくれて嬉しいです。」結局、私は退職するまで、このいのちの授業を続けました。中学校では１年生に、小学校になっては６年生・５年生・４年生にも行いました。猿渡瞳さんの作文は、私にとって私を励ましてくれるたいせつな宝物です。

ある日の保健室　パート２

その日、朝からお腹が痛いといって来た１年生の男子生徒。体温・脈拍を調べ痛みの様子を聞き、食事や睡眠もチェック、保健室で様子をみよう。１時間ベッドに寝ちょきよ。そして、私は机で仕事をしていました。

すると、ドアが開いて、やんちゃな３年生が入って来ました。「今日はどうしたのかな？」…無言。「１人寝ているから静かにしていてね。」「俺もねる。」えっ。カーテンが閉まっているところをあけようとしていました。(いやいや、そこ、いけんやろ。とめなきゃ。体罰はいけないけど、私より大きい男子。どう止める？) と思ったときにおもわず､お尻をパーでたたいていました。「なんするかぁ。」その声にちょうど保健室を通りかかった教頭先生がびっくりして入ってきました。

そのことに全く気がつかず、「変態やろうが。」の変態に私は反応して、腕と太腿をしっかりあげ「ヘンタイとまれ。1、2」と、行進のとまるときと同じような動きをしていました。教頭先生、大爆笑。そのとき私ははじめて教頭先生がいることを知りました。笑いはなかなかとまりません。やんちゃ君、「うけちょら。アホらし、教室いくわ。」と教室にもどっていきました。ねていた１年生は全く気がつくこともなく、ぐっすりでした。

さて別の日、やんちゃ君がぞろぞろ。先生、Ｉがたいへんや。何？つれてきた手を見るとぼっこり腫れています。彼らは何か気にくわないことがあると､いろんなものをなぐるんです。窓ガラスは割ったら弁償しないといけない。人をなぐったら親が呼ばれるで。最近は壁をなぐっています。コンクリートにはかなわんよ。

氷をいっぱい入れて腫れたところにポンと置きます。「痛いんやないかい？」生きてる証拠、痛いのは。

すると、つれて来たやんちゃが、なんかこれ、うす皮まんじゅうのあんこみたい、と。私はあんこに反応してしまい、机の上の遮眼子（しゃがんし）（視力検査の片目を隠す器具）をマイクがわりに手に持つと一礼して、「それでは聞いて下さい。18番、アンコ椿は恋の花♪３日おくれの便りをのせて〜〜」と、一番を気持ちよく歌いあげました。ヤンキー座りをしていた４人、思わず拍手。「うめ〜なあ。」「帰るか教室に。」と静かに出ていきました。

帰りよと言ってもなかなか教室に戻らなかった人たちが、意外なことで皆静かに戻ります。よかったのか、この対応で…。

エイズに関する劇のメンバーと
ＨＩＶ感染者の交流会

2008年の３月、「薬害エイズを考える集い」に招かれて、前年文化祭で上演したエイズに関する劇を大分県労働福祉会館「ソレイユ」でさせてもらいました。その時、他県のＨＩＶ感染者の知人が来ていて、すごく感動したと言ってもらえました。当事者が劇をどう見るかが私の一番気になるところでしたので、その反応はとても嬉しいものでした。

「また劇するの？上演前にメンバーに会いたい。感染者に会うことで、劇に対する思いが強くなってくれたら嬉しい。」なんて素敵な申し出でしょう。こちらこそ、ぜひです。

そして、その年の９月、それが実現しました。ＨＩＶ感染者のＹさんと出会ったのはその年の数年前、そのとき彼女は精神的にも肉体的にも最悪でした。はた目にみてもどん底という状態。「早く彼のところへ行きたい。死にたい。」と言っていました。それを知っているだけに、３月に会ったとき、とても生き生きとしていたのでとても嬉しかったです。

体が「もうだめだ。」と悲鳴をあげて、医者も「本当だったら死んでいますよ。」という状態でも復活してきた彼女。誰かに守られている。夫かも。なら生きてみようと、２年程前から治療を始めました。そのときも嬉しかったけれど、それ以上に今は嬉しいです。

交流会には３名の先生も参加してくださいました。自己紹介ののち、質問形式で交流を深めていきました。

1. ＨＩＶ感染がわかった時どんな気持ちでしたか？

私は人とちょっと違うかもしれない。19 歳のとき、血友病の彼と出会った。20 歳で結婚。当時、血友病の人がエイズに感染していることがあると知っていた。検査に行ったか彼に聞いたら行っていない、と。だったらいっしょに行こう。検査の結果、2 人とも陽性。感染者の彼といっしょにこの病気と闘っていこうと思った。すごく前向きに受け入れることができた。

2. 感染して一番たいへんなこと、つらいことはどんなことですか？

体調が悪くても病気のことを人に言えないこと。支える会の集会等は理解してくれる人たち。支えてくれる人たちがいて自分がそのままさらけ出せる。

3. 反対に嬉しかったことはどんなことですか？

いろんな人たちに出会ったこと。夫が先に亡くなって、一人ぼっちと思ったけど周りに支えてくれる人がたくさんいた。佐藤先生にも出会えた。

4. 感染してなにか得るもの変わったものはありますか？

人にやさしくなったかな。人の痛みがわかるようになった。

5. 周りの人の反応はどうですか？

事実がわかったときどう反応するか、周りの人たちの目・視線がこわい。人に病気を聞かれたら、「貧血です。」とうそをつく。黙っていたりする。それも変だと思われている。今、劇のメンバーはわかってくれるから話せる。

6. **川田龍平さんのように公表している人についてどう思いますか？**
　周りに支えてくれる人がいたから公表できたと思う。すごくすばらしいこと。うらやましい。
7. **エイズを取り巻く理想的な社会ってどうあればいいですか？**
　感染者がウソをつかないで生きていける世の中。病気がわかっても、「あーそうなん。」って言える社会であってほしい。
8. **最後にうちの生徒たちにメッセージをお願いします。**
　やさしくしてほしい…。感染がわかっても、今までとかわりなく接してほしい。悩みを聞いてほしい。友だちをやめないでほしい。いつ誰が感染するかわからない。自分がなったとき、一人ぼっちになったらいやでしょ。自分がされていやなことは人にしないでね。やさしくしてね？

　劇のメンバーたちは、交流会を終えてからの練習は別人のように皆はりきっていました。

　余談ですが、当日こういうことがありました。教頭先生が「今日お見えになる人の名前は？」って聞かれるので、「○×Ｙ子」「えっ！？」「どうしたんですか？」「高校のときの彼女の名前や。」「ずっと若いから違う人です。」偶然にも同姓同名。ちなみにＹさんの亡くなった夫の名前はタカシ。教頭先生の名前も隆（タカシ)。すごっ！！教頭先生、すごっ！！

　Ｙさんが他県から来るって、タダじゃいけんやろうと旅費をくれて、帰りに何かおいしいものでも食べさせて帰らせてと、またお代をいただきました。私はもちろん両方ともあわせて持たせました。食事は私がおごればいいと思っていたので。その後このやりとりも劇に。それはのちほど。

環境委員会

いつも学校での所属は、修学旅行があるので２年部が多いのですが、養護教諭人生で初めて１年２年３年と生徒たちと一緒に持ち上がりました。その学校での３年部所属は５回目でした。３年部の先生方の人数と専門委員会の人数が同じなので、委員会は３年が長にならないといけないということで、環境委員会を任されました。他学年所属のときは体育の先生と一緒に保体委員会を持っていました。そちらも引き続きかかわらせてもらいました。

環境委員会、他校ではだいたい整美委員会というゴミの分別や掃除のことが主なことだと思います。もちろん従来の仕事は引き続き行いますが、せっかく環境という名前のついた委員なので、環境のこともとりくみたいと思いました。私自身、公害・環境に興味を持ち、毎年水俣に行ったり他の環境地区にでかけたりしていたので、生徒たちと学習を深めたいと考えました。

まずは、やっぱり水俣病についてでしょう。生徒たちと学び合いながら、環境新聞を作って全校の皆にも広めよう。何度も書きなおして発行しました。割と評判はよかったです。

次の６年目も３年部になり、引き続き環境委員会です。２年目は更にいろんな環境問題を学習していこう。グループを作り、何故そこに興味を持ったのか、現実として何が起こっているのか、自分たちにできることはないのか、他の生徒たちに伝えたいことなどあれば等々、話し合いは盛り上がっていきました。

環境新聞を何度も書き直しながら、みんなが納得のいくものを作り発行しました。

教務の先生に、「益美先生、出すだけじゃもったいないです。集会で発表したらいいよ。」と言われました。ありがたいことです。6月の環境月間で、環境委員会が発行した環境新聞（ゴミ問題、大気汚染、森林破壊、電磁波）の中身を再度調べ直し映像を交えて、7月、3年生の学年集会で環境問題について発表しました。私は映像のことはさっぱりでしたので、教務の先生に協力をお願いしたら快く引き受けてくれました。

環境問題の発表を聴いて

●今日の環境授業を通して、今地球がどういう現状にあるのかがよく伝わってきました。特に、「電磁波」のことは初めて知りました。私たちの身の廻りにあるとても便利なものが、環境問題の原因になり、人体に影響していることには驚きました。そして、電化製品を使ってなくてもコンセントをさしていれば電磁波が発生することを知り、これからは使っていない時は、こまめにコンセントを外すようにしたいです。

他にもあるごみ問題は、私たちの口にいる飲み水や土壌を通して農作物を汚染するので恐ろしいなと思いました。ごみ問題を改善するためにも私は「マイバック」を持つようにしたいです。

いつもなら先生が授業をやっているところを、環境委員さんがやってくれたので興味を持って聞くことができました。いろいろ苦労されたと思います。本当におつかれ様でした。地球の現状を画像とともに伝え、地球の危機を知らせてくれてありがとうございました。

●今日の環境委員の人から発表にあったように、僕たちも大気汚染・ごみ問題.・砂漠化・森林破壊などの環境破壊などの環境問題について真剣に考えるべきだと改めて思いました。今、自分たちにできることは、なるべくごみを出さないようにする。紙などは無駄使いせずに、使う紙はなるべく再生紙を使うなど、日常生活から常に意識して行動すべきと思いました。

また、森林が1秒間にサッカーフィールド1面がなくなっている。と聞いてびっくりしました。電磁波の発表で、今まで僕は、電磁波の名前は何度か聞いたことがあったけど、どういうものかなど具体的なものは何も知らなかったので、とてもいい勉強になりました。電磁波は人体にも影響を与えるので気をつけようと思いました。

ある時、私が最初に持った環境委員長が教員採用が決まったと勤務先へ訪ねて来ました。成長した姿に嬉しく思い、たわいのない思い出話をたくさんしました。その時、環境新聞が話題になり、どんくらい書き直したかわからない。えっまだ、と何回も思ったかと…。そうかぁ…。でもいいものができたよね。すまんやったね。(心の中で彼らに再度感謝)

平和授業

学校では５月、８月６日、12月、２月と年４回平和の学習を行っています。中学では主に担任が行っています。

一緒に１、２、３年と持ち上がったときの学年長はとても生徒たちに親しまれていて、もちろん私も大好きで尊敬していました。生徒たちがいないところでは「お姉ちゃん」と私は呼んでいました。

そのお姉ちゃん、平和授業の日、嬉しそうにしているんです。「どうしたの？」と聞くと、「今日、○×先生（担任）いないから、かわりに平和授業するんよ。」「いいなぁ。」「益美ちゃんも行く？」行く行くと言って、私はオープニングに反戦歌♪『死んだ男の残したものは』を歌います。

そんなことが何度かあって、３年目の３学期、お姉ちゃんから「この学年に３年間かかわってきて、最後の平和学習は、学年の先生全員でとりくんで学年集会という形でやろうと思う。益美ちゃん、いつもの力強い反戦歌じゃなく、何かこう。日々の暮らしが平和だなと思える、そんな歌をうたってほしい。」よっしゃ、そんな歌をさがそう！それから歌さがしが始まりました。

いろいろ調べてみるけど、なかなかピンとくる楽曲に出会えません。１か月前に頼まれていたのに、気がついたらあと１週間しかありません。どうする？

…ピン！？来ました。そうだ、作ろう。

詩は、生徒たちとのいのちの授業の中でのやりとりからどんどん書けます。問題は曲です。私は全く楽器を弾けません。ピアノは、どこがドとかわかるくらいです。それでも何とかしないといけないと考え、とりあえず音楽室か

らキーボードを借りて保健室で音を出しながら考えます。時には、保健室登校の生徒たちに、このフレーズどうかなと聴いてもらいながらがんばりますが、譜面に書けるわけもないので、次の日は微妙にかわっていたりしました。

こうなったら、くり返し歌って覚えていくしかありません。試行錯誤を重ねます。家ではお風呂の中で何度も歌ってみます。そうこうしているうちに何とか形になりました。完成したのは前日。果たしてちゃんと歌えるのだろうか！？考えてみたら誰も知らない歌です。どう歌おうと、生徒たちに間違って歌ったとしてもわかるはずもありません。

とにかく、明日いきさつを話し、堂々と歌えば生徒たちに気持ちは伝わるだろう、そう思って寝ました。

♪　感謝　　佐藤益美 作詞／作曲

私がここにいることは当たり前のことだとずっと思っていた
でもそれは父と母がいのちをつないで出会ったから
そしてその父と母のそれぞれの父と母が
いのちをつないで私がここにいる
当たり前と思っていたことがありがたいことと気づく
ずっと続くいのちのつながりにありがとう

私が歌ってることは当たり前のことだとずっと思ってた
でもそれは日々の暮らしが安心で穏やかで平和だから
そしてあの戦争を乗り越えて父と母が
いのちをつないで私がここにいる

当たり前と思っていたことがありがたいことと気づく
ずっと続く平和な暮らしにありがとう

そして私はこれからも歌うでしょう
いのちと平和とすべての出会いに感謝しながら
そして私はこれからも歌うでしょう
いのちと平和とすべての出会いに感謝しながら
感謝しながら

♪

私は両親の傘寿と米寿のお祝いの席で、この♪感謝をプレゼントとして歌いました。母はにこにこして聴いていましたが、父は泣きながら聴いていました。そして父がこう言うんです。「益美、良い歌やなぁ。誰が作ったん？」私ですよ。最初言ったんだけどなぁ…。

ハンセン病回復者の堅山勲さん

ハンセン病の歩む会に参加するようになって、堅山さんの講演を３回聴いた頃のことです。話を聴けば聴く程、生徒たちにも聴かせたい、会わせたい、そんな思いが強くなりました。鹿児島の療養所で何度も会っているのですが、個人的に話したことがなく、生徒たちに会わせたい思いが強くなったとき、思い切って声をかけました。ぜひうちの中学に来て生徒たちに講演をしてほしいと。講演会が実現することとなりました。

事前学習をどうしよう。２年生には毎年ハンセン病の授業はしていたので、それを継続していけばいいかな。全校には、鳥取県の福安和子さんが作った絵本「時の響きて」と、北九州の人権バンド願児我楽夢さんの「時の響きて」の曲を聴かせようと考えました。

いのちの授業「ハンセン病学習」を受けて・２年生

●今日、ハンセン病について初めて知りました。ハンセン病にかかった人は多くの偏見や差別で苦しんでいるというのも初めて知りました。感染力は弱く、非常にうつりにくいし、感染しても発病するのはまれと言われているのに、周りの人たちは汚ないものでもさわるみたいに人を扱うという現実を知りとっても心が痛くなりました。これから、ハンセン病についてもっと知りたいと思いました。正しい知識を身につけていきたいです。

「時の響きて」絵本の朗読（校長先生）と曲を聴いて

●ハンセン病のことを今まで何も知りませんでした。この絵本を聞いたとき、本当に日本にあったことなの？と思いました。とても信じられません。大事な親せき、身内のために自分の大切な名前も偽名にして、死んでしまっ

ても本当の名前ではなく偽名のまま死んでしまうなんてとても悲しいです。

らい予防法が廃止されても、まだいまだに差別を受けている人がいるという話を聞いたとき、さびしい気持ちになりました。この絵本をいろんな人に見てもらい、差別がなくなってほしいです。(1年)

人権・同和教育講演会「夢見た故響の空」堅山勲さん

●「不要な命はない」と堅山さんが言った言葉にすごく心を打たれました。また、ハンセン病がどのような病気なのかもよく知ることができました。偽名にしたり差別や偏見されたりして嫌なことばかり続いていたのに、父のことを想い、それを乗り越えられたということにすごく感動しました。私は親とケンカをしたり、文句を言うことばかりしています。しかし、今日の堅山さんの話や、最後にみんなで「故郷」を歌っている時、父と母の顔が浮かんできて目がうるんでしまいました。もっと、家族のありがたみや、私にとってどれだけ大切な存在なのかを考えて、これから生活していきたいと思いました。

それと、○先生が最後に「堅山さんのように勇気を持って闘っていきましょう。」と言いましたが、その通りだなと思います。エイズもそうですが、ハンセン病の人の立場になって強い人間になるためには、まず自分を信じて生きていくことも重要なのだと思います。

また、家族や友だちなど誰かのことを想うことも、生きていくための源だということも改めて感じさせられました。今日、本当に貴重な話を聞くことができてよかったです。(3年)

講演が終わって堅山さんに「ありがとうございました。」と言って握手したら、「いい生徒さんたちですね。あなたの思いが私をここに来させました。」とにっこり微笑んでくれました。

共に歩む会の集会に参加したり、鹿児島の星塚敬愛園に行ったりする中で、講演会を開催してから、さらに堅山さんとは親しくさせていただくようになりました。

いつか、山田泉ちゃんのために作った歌をうたったとき、堅山さんが「いいなぁ、その人の歌があって。」と言うので、思わず「堅山さんの歌も作りますよ。」と答えていました。簡単に引き受けてしまいましたが、堅山さんのことを知れば知るほど書けない。歌詞を作るのに２年近くかかってしまいました。

次の異動した学校でも、堅山さんの講演会ができることになりました。なんとそのとき、大好きなお姉ちゃん学年長もいました。朗読はとても上手なお姉ちゃんに、事前学習の「時の響きて」の絵本を読んでもらいました。

本番のお礼の言葉、誰にしようと思っていたら、お姉ちゃんから「益美ちゃん、堅山さんの歌をお礼がわりに歌ったらいいんじゃない。」と言われ、急きょそうなりました。音楽科の先生に楽譜を書いてもらってピアノ伴奏つきで。そして最後に全校皆で「ふるさと」を歌いました。

♪　ともに　　　　　　　　　　　　　　　　　佐藤益美 作詞／作曲

やさしい笑顔の瞳の中に　悲しみと怒りが見えた
かぞえきれない程の苦しみつらさ　どれだけのものだったのだろう
そんな日々を乗り越えて　今、まっすぐ前を見つめてる
父ちゃんの涙を支えに　今まっすぐ前に歩いてる
二度と同じあやまちをくり返さないために　私たちに何ができるだろう
いのちの重さ　人が人として　生きる意味をしっかり受け止めて
その思いに寄り添いながら　手を携えて　ともに歩もう

いのちの重さ　人が人として　生きる意味をしっかり受け止めて
その思いに寄り添いながら　手を携えて　ともに歩もう
ともに生きてゆこう　生きてゆこう
♪

この学校はとてもやんちゃな生徒が多く、講演会がすべて終わって、堅山さんが退場の時生徒たちに握手を求めたのですが、みんな握手したくて次から次に手を出すのでなかなか退場できませんでした。学校を去るときも、やんちゃがお見送りを一緒にしてくれました。その後、やんちゃな彼は堅山さんのブログに載ることとなり、そこから勉強をするようになりました。♪ともにの歌が出来たとき、音楽室で録音してＣＤにして堅山さんに送りました。

ある日の保健室　パート３

その学校に赴任が決まった時、生徒たちが「益美先生が、あんな不良がたくさんいる学校に行くなんて、かわいそう。」と何人かが言ってきました。いやいや、うちの学校だって、ほんの少し前まで荒れていたんだけど…。とも言えなくって、「大丈夫だよ。どこに行っても中学生なんだから。」とか答えていました。

心配してくれた生徒たち…大正解でした。異動し新学期がスタートしたとたん、３年生の男子が10名近く５分休みのたびに保健室にやってきます。そして、かなり勝手な行動をします。２〜３人で暴れたり、勝手に保健室の書類を見たり、踊ったり！？何をどう注意しても全く聞き入れず、いきなり友だちをなぐったり…それはたいへんな状況です。でも、チャイムが鳴ると皆あわてて教室にもどっていました。それが毎日続くのです。少し人数が減っても続いていました。

それが５月の連休明けも同じようでした。さすがに私もくたびれて諦めそうになりましたが、諦めたら終わりでしょう。何があっても注意し続けようと気持ちをひきしめました。書類を見たり暴力をふるうことはなくなってきました。

一番気になったのは、仲よしと思われる友だちのことを「ガイジ」と呼ぶことです。このことを何度注意しても全く無視です。１学期の最後まで保健室にやって来たのは、「ガイジ」と言う生徒ととりまく生徒２〜３人でした。無視しても、毎日注意を続けました。結局、１学期がそのまま過ぎていきました。

２学期も相変わらずやって来て、同じ状況が続いたある日のこと、はじめて、

「ガイジ」と言っていた生徒が私に話しかけてきました。顔をのぞきこんで、「おばちゃん」って。私は話しかけてくれたことが嬉しくて、思わず笑顔で「よかったぁ、おじさんに間違えられんで。」と答えていました。そんな反応が来ると思っていなかったんでしょ。びっくりした顔で「お姉さん」と小さい声で言いかえていました。私はさらに笑いながら「いやいや、お姉さんって、そりゃ違うやろ。」そこからコミュニケーションがとれるようになっていきました。

２人の間で「ガイジ」って慣れちょる間やけん、いいんで。いやいや、２人だけのことやないな。聞いている周りの人がどう思うかも大事や。Ｄ君はいっぱい良いところあるのに、その言葉の使い方でよくない人って思われたら私は嫌やな。

「わかった。」と言っても、つい言ってしまうようです。くせになっちょる、やべぇと何度も気をつけてなおそうとしながら２学期が過ぎていきました。

年明け１番に、彼が保健室にやってきました。保健室のドアを開け、入口に立ってこう叫んでいました。「あけおめ。ことよろ。オレはあの言葉をもう絶対言わない。」彼の決意を感じました。

そして、保健室に来ても、グッと我慢して言わない姿が印象的でした。

私は嬉しくって、ついＤ君に「もし、私が将来学校のことを何か執筆しようと思ったら、あなたのこと書いていい？よくがんばってかわったなぁと嬉しいんよ。」と話していました。そんなに嬉しん？感動した？と、すごく照れて承諾してくれました。

平和といのちの尊さを考える沖縄の旅

元ひめゆり学徒隊の話を聴きたいと思い、でもせっかく行くから、どっぷり平和といのちの尊さを考える旅にしたい。資料館なども巡ろうと、初めて沖縄の友だちと計画を立てました。

昼休み、そんな資料などを検索していたら、よく保健室に来るやんちゃが「何調べよるん？」と聞くので、沖縄の元ひめゆりの人の話を聴きに行くんよと、説明しました。さすが、私のことをよく見てくれてて、「えっ、また休みの日に自費で行くん？オレら、益美ちゃんが帰ってきて、その報告してくれたら真剣に聞くけん。」とか言ってくれるんです。

2009年12月12日（土）13日（日）沖縄に無事に行きました。ひめゆりの塔、ひめゆり平和祈念資料館、摩文仁の平和祈念公園を巡り、元ひめゆり学徒隊の方の話を聴きました。

講演「次世代へ今伝えたいこと〜ひめゆりの証言〜」元ひめゆり学徒隊宮城喜久子さん。ひめゆり学徒隊とは、沖縄戦当時、県立第一高等女学校、沖縄県師範学校女子部の生徒で組織された学徒看護隊の名称。宮城さんの話は戦争の悲惨なことばかりです。「戦争では人間が人間でなくなる」戦争ですからね。簡単に戦争って語れませんよね。

宮城さんも40年がたって、やっと伝えていかないといけないと思うようになったと言っていました。「戦争が終わって生きられてて幸せ。あの当時の一日一日を思い出し、いのちの重さを思い知らされた。自分のいのちも人のいのちも大切。人の痛みがわかる人になってほしい。」という宮城さん。その思い、しっかり受け止めました。

私が訪れたひめゆり平和祈念資料館には、年間2350校が修学旅行に訪れるそうです。私が行った12日（土）は2000人来ていました。資料館の戦争体験証言の部屋では、多くの修学旅行生が静かに証言集を読んでいました。その光景に心がホッとしました。

私は学校に戻って、沖縄で学んできたことや感じたことを1枚ほけんだよりに書きました。先生たちには、沖縄の戦争のことを書いているのでぜひ教室でも扱ってくださいと、朝のうち合わせの時にお願いしました。そうしたら、うちのクラスに来て、益美先生、時間あげるから話してくださいという先生がいました。ありがたいです。

平和と命の尊さを考える沖縄の旅の話を聴いて

●沖縄の戦争についての話がありました。益美先生が歌ってくれた「死んだ男が残したものは」の歌詞を見るとすごく胸が痛みました。戦争は何も残らない。残したものは「こわれた銃とゆがんだ地球」本当にそのとおりだと思いました。中高生が作った平和宣言もすごく感動しました。自分たちは戦争を経験してないのに、よく経験した人の気持ちを理解でき、それを文章にまとめることができたなぁと思います。私も少しでもその気持ちがわかればぁと思いました。戦争はこれ以上絶対にしてはいけないものです。

●戦争がおきると人が死んでいく。人が傷ついていく。そんな戦争が、今おきいていない日本は平和だなぁと思いました。私達が生きている。学校に行けるって、それはすごい平和なことです。ますみ先生の話は、とても考えさせられます。また、私達のクラスに来て、平和のことやいのちのことなどの話が聞きたいです。

あいうべ体操　今井一彰先生

あいうべ体操を知ったのは2011年1月16日です。「お金はいらない。口呼吸を鼻呼吸にして万病退散！！口から始める病気にならない医療を目指す2300人の大集会」「食卓の向こう側　第3回　命の入り口セミナー」このチラシにひかれて、雪の中、福岡まで行ってきました。

「よくかんで食べなさい」「ひと口30回かんで」ってよく言われるよね。これって理由があるんです。かむことで舌（ベロ）も含めて口全体が筋肉で鍛えられるし、何より唾液がたくさんでるんです。「唾液には毒消し効果がある」と言われているんだよ。昔は「ひと口30回」とか言われなくてもかまないと飲みこめない食事内容だったんだけどね…。

今、かまないことで何が起こっているのか…。舌（ベロ）が正常の位置から低下しちゃったんです。つまり、口呼吸するようになってね、病気を発症しやすくなったんです。口呼吸の改善はあらゆる病気の原因治療になるって。すごい！

では、具体的にどうしたらよいのか！？

みらいクリニック院長の今井先生が教えてくれました。「あいうべ体操」これを1日30セット（朝・昼・夜10回ずつでもＯＫ）を目安に毎日続けると、鼻呼吸になって唾液もいっぱいでるようになって免疫がｕｐするんです。「あー」口を大きく開く「い～」と口を大きく横に開く「う～」と口を強く前に突き出す「べ～」と舌（ベロ）を突き出して下に伸ばす。アトピー皮膚炎やうつ病、高血圧等に効果。

私は早速、このことはぜひ全校の皆に伝えたいと思い、

ほけんだよりに書きました。それが管理職の目に留まり、次年度、今井先生の講演会を秋にすることが決まりました。

健康教室「あいうべ体操で元気なからだづくり」

みらいクリニック院長　今井一彰先生

●今日の講演を聞いて、本当に知らないことばかりだったし、ためになることばかりでした。楽しく講演が聞けたので、今回はスラスラと頭に入ってきました。「あいうべ体操」は前にますみ先生のほけんだよりでみたことがあったけど、こんなにもいろいろな病気にきくとは思いませんでした！！今年は受験があるのでインフルエンザやかぜがこわかったですが、この体操をやって口を閉じて寝れば大丈夫だと知ったので安心しました。これからぜひためして、勉強もしっかりして受験にそなえたいと思います。それから、弟や妹、両親も「あいうべ体操」でなおる病気がけっこうあると思うので、勧めて家族みんなが健康になれるといいと思います。(3年)

この頃、私は半年ぶりに会う友だちや知人から「益美ちゃん、やせたなぁ。なんか顔が小さくなったよ。」「益美さん、やせたやろ。顔がスッキリしているし、肌がつやつやしている。」うふふ…ふ。最初何人からもやせた！？と言われるので、私ももしかしたらやせたかも？とちょっと勘違いして体重計に何度も乗ったけど、いつもとちっともかわりませんでした。たぶん顔がスッキリしたとか小さくなったと言われたのは、1月に今井先生のあいうべ体操に出会って、毎日30～50回、多い日は100回くらい実行したせいか？それ以外は何も考えられません。

講演会が終わって２～３日後、肘や膝の内側がアトピーがひどく、痛いからどうかしてほしいと女子生徒がやって来ました。手当てをして帰すのですが、翌日またやって来ます。見ると、昨日の手当てのまま。普通は継続してみないのですが、まぁ、いろいろ事情があるみたいなので引き受けようと思いました。

彼女、私の顔をみて、「益美ちゃんやせた？」いや、やせてないよ。あいうべ体操したらちょっと顔がひきしまったかも。「この前の先生も小顔になるといいよった。私もがんばって小顔になる。」その後２～３回手当てに来て、その後ぱったり来なくなりました。

１ヶ月後、職員室でその彼女にバッタリ会ったので、「Nちゃん、肘や膝の内側大丈夫？」「見る？」とみせてくれた内側はつるっつるっな、きれいな肌になっていました。あいうべ体操かなりがんばっていたみたいで、本当にきれいになっていたことに私も正直驚きました。でも、小顔には１ヶ月はちょっとまだ無理かな。でもこの調子でがんばってと声をかけました。

今井先生の講演会のとき１年生だった学年が３年生になったとき、「あいうべ体操で受験を乗り切る」をスローガンにかかげ、各教室からうるさいくらいあいうべ体操がきこえて来ました。別に大声をださなくってもいいんですが…そのはりきりようがわかる気がしました。

確かそのとき、３年生は160～170人くらいだったと思うのですが、インフルエンザにかかった生徒は２人でした。さすが３年生すばらしい。

最後の赴任先は小学校

養護教諭としてあと6年。今度の異動が最後となり、私も集大成なんだな、次の中学校で今までの活動をしっかり伝えていきたいと、そう心に強く思っていました。

ところが内示が出て校長室に行き、校長から告げられた学校名は…小学校。

え？小学校？頭の中はポカン？何故？全く希望としていない。何かの間違い？その日はどう帰ったかも覚えず、覚えていることと言えば、夕食をとろうとか食べたいとかもなく、実際は食べてなく、夜もなかなか眠れなかったことです。

モンモンとして、はっと気がついたんです。こんな気持ち（何故小学校？）と思って赴任先へ行ったら、その学校に失礼だって。この中学校しか知らない私にだって、小学校でできることはある、お役目はある、がんばろう、とそう切り替えて寝ました。

4月1日、朝、小学校の校長室のドアを開けて元気よくあいさつをしました。

「おはようございます。中学校から来ました。養護教諭の佐藤益美です。よろしくお願いします。」座っていた校長らしき人が顔をあげてこっちを見て、「あっなんか見たことがある人や」なんと、娘の5年・6年のときの担任の先生。「娘の利美がたいへんお世話になりました。」「利美ちゃんのお母さん、何かいろいろしよったよね。またいろいろするんかな。」

なんという出会いでしょうか。私はずっと中学校でしたので、市内の小学校の先生は誰も知らないと思っていたのに、こんな出会いがあるとは。

びっくりしましたが、ラッキーとも思いました。

実は娘の5年生のとき、委員長の役員を、6年生のときは委員長の部長を

したんです。５年生のときは子どもたちの音楽集会で保護者がエイズに関する劇を、６年生のときは運動会で保護者ソーラン節を踊り、卒業式では保護者代表のあいさつを保護者全員で呼びかけであいさつにしたりしたんです。その校長先生が担任のとき、ＰＴＡでこんな提案をしたいと言ったことを、全く反対せず、いいよと認めてくれていたんです。保護者の同意が得られて、すべて実行できました。その人が校長先生としていてくれるなんて、すごい出会いだと思いました。そしてもう１人、一緒に異動して来た先生の中に知っている人がいました。それは息子が５年生のときの担任です。転校生の対応が素敵で、息子はそんなに学校のことを真剣に話す子ではないんですが、それはそれは本当に嬉しそうに話していました。本当にいい担任だなと思って、思わず中学校のほけんだよりのおまけのコーナーにそのことを書いたほどです。その先生とも出会えて幸せだなと思いました。

よくよく考えてみたら、その小学校にすでに２回、保護者向けの講演に呼ばれたことがあったんです。市内50校以上小学校がある中でここに来たということは、それなりに意味があったんだなと思いました。その後、何人かの保護者から、先生の講演を聴きました。先生が来てくれて嬉しいですと声をかけられました。ありがたいことです。

そして、子どもたちにかかわっていく中で、ちょっと手をかけないといけないなと思う子どもたちの親が、何故か私の教え子であったり、知り合いであったりして、びっくりしました。

その状況を見て、校長先生が「何がよかったって、益美先生がこの学校に来てくれたことや。」と言ってくれたとき、やっぱりお役目あったんだ、がんばろうという気持ちになったことは確かです。

全校集会で歌う！？

全校集会での校長先生の話。校長先生は時々、歌詞に込められた思いとかを話されます。校長先生が突然、「益美先生は、魔女の宅急便の『やさしさに包まれたなら』の歌を知っていますか。今度全校集会で歌ってほしいんだけど、ピアノは音楽の先生に頼んでいるから音楽室で練習してて。」歌っていいんだ。歌好きとしてはありがたいと思いました。

早速、音楽の先生と打ち合わせです。歌は一番だけでいいよね。「益美先生、折角歌うから全部歌ったら。」何！？全部歌う？！そうなったらいつもの格好で歌うのは失礼だな、私が所属する合唱団のドレスを着て歌おう。音楽の先生がそれはいいねと言ってくれたので、校長先生には、誰が歌うとか言わないで、今日は特別ゲストにお願いしてますって紹介してほしいと言いました。

当日、校長先生はお願いしたように言ってくれたので、子どもたちは体育館のうしろの方を向き、割れんばかりの拍手をしていました。私は体育館ステージ横のドアから登場です。ドレスを着て、耳の所に大きな花をつけ、いつもつけない口紅をつけて中央まで来て、気持ちよく最後まで歌いました。子どもたちのちょっと驚く顔がかわいかったです。集会が終わった後、何人かわざわざ保健室まで来て、「ドレスがかわいかった。」「歌うまかったよ。」等と言っていました。こちらこそ聴いてくれてありがとうです。

1学期の終業式の校長先生のときにも頼まれました。全く知らない歌で、すでにもう題名も忘れてしまっています。(ごめんなさい)「ＣＤ貸すから覚えて。」私が知らないということは、たぶん校長先生以外誰もわからない歌なんだ。多少間違えても大丈夫！？その詞から、他の人と比べてではなく、去年の自分と比べてどう成長したかということがいいたいんだな、ということ

が伝わってきました。

終業式は３時間め、４時間めと授業して、給食を食べて、５時間めは通知表など必要なものを配布して、下校という日程。私は突然２時間めに、その歌詞からうかぶ情景を描いて、子どもたちに見せたらいいかもと、突然絵を描きはじめました。

ちょうどそのとき、ちょっと事情のある子どもが来て、「保健室に２時間めいていい？終業式は出るけど、後はいていい？その後帰る。」というので、保健室はいいよ、あとは担任の先生に言ったら大丈夫だよ、と答えました。私が絵を描いているのをのぞきこむので、歌のことで絵描いているけど間に合わないかもしれない、手伝ってくれる？嬉しそうにうんというので、ここ切って貼って、ここは色ぬってねと、２人でもくもくと仕上げました。おかげ様で、３時間めの終業式に間に合いました。

早速、私はいつも着ないふわふわのスカートとブラウスに着替え、ステージそでで待機です。絵は校長先生がとても気に入ってくれて、折角だからと子どもたちの間に絵を持って、「今日の歌はこんな感じのこと歌ってます。」とまわってみせていました。絵をみた子どもたちは、誰が描いたか知りませんが、「上手。」とか「うまいなぁ。」とか口々に言っていました。手伝ってくれた子どもは後ろの方でそれを見ていました。私も無事に歌い終わってほっとしました。

放課後、手伝ってくれた子どもの担任から、あの後、４時間め出て、給食も食べて最後までいたと聞いたとき、とても嬉しかったです。タイミングよく保健室に来たこともあったけど、人に認められるということがどんなに嬉

しいことか、私自身も元気をもらいました。思いつきで絵を描いたけど、本当に描いて、そして手伝ってもらってよかったと思いました。

あとは、『はなみずき』『島唄』等を歌いました。

歌ってと言ってくれた校長先生はすでに退職しましたが、次の次の校長先生が、2020年1月、2日後の全校集会で、益美先生かわりに何か話してと言ってきました。話していいんですか？よっしゃと。

2019年12月25日から27日に沖縄平和学習の旅に出かけたこと、どっぷり戦争の爪跡を見たり聴いたり米軍の基地問題を感じたりしたことを話そう、もちろんほけんだよりにも書くけど、パネル等得意な先生に協力してもらって発表もいいかも、そして歌は『島人ぬ宝』。この学校で、全校集会で話をして、歌までうたわせてもらえて、それはそれはありがたい時間でした。

退職前にこんな機会をもらえて幸せです。

沖縄平和学習の旅。大分の塔・ひめゆりの塔・ひめゆり平和祈念資料館・沖縄県平和祈念資料館・伊江島・ヌテドウ・タカラの家（反戦平和資料館）・辺野古・シムクガマ・チビチリガマ・佐喜眞美術館、ｅｔｃ。3日間でしたが、私自身、あらためてまた戦争の悲惨さを実感し、平和を願う気持ちが高まりました。『島人ぬ宝』も気持ちよく歌わせていただきました。幸せな時間をありがとうございます。

エイズに関する劇　エピソード４

中学校で生徒たちとエイズに関する劇を21年間上演して来て、果たして小学校でできるのだろうか、１回くらいはがんばってできるかもしれない。校長先生は劇を観ているのでわかってくれるだろう。幼稚園から６年生まで、すべて理解するということは難しいだろう。

それでもなんとか踏ん張って２年間、保健委員会の子どもたちとエイズに関する劇を上演しました。

小学校の子どもたちの劇の練習は、放課後は下校の時間、地域の見守りの方々がでてくださるのでできないので、中休み・昼休みしか使えません。それでも２回もできて、私は納得していました。

３年目は全くするつもりなく、日々が過ぎていきました。ある時、卒業生が遊びに保健室に寄ってくれて、いろんな話をする中で劇の話題となり、しなかったことを言ったら、いきなり怒られました。何故しなかったのか、益美先生のエイズの授業でわかったことも多いけど、劇でさらにいろんなこと考えさせられたし、全校にも訴えられた。(1人は劇に出ていましたが、もう1人は観ていた子どもです。) 私も劇観て、いろいろ思うことあったよ。劇また絶対してよ。そう言い残して帰って行きました。

私は背中を押されたと思い、残りの３年間、彼女たちのことを思いながら、エイズに関する劇を上演することができました。彼女たちに感謝の気持ちでいっぱいです。

ふれあい音楽会

小学校に赴任して、ふれあい音楽会があることを知りました。中学校では、修学旅行や宿泊体験学習のとき、よくクラスで出し物をしていました。教員チームも何かしようと呼びかけて企画していた者として、その音楽会に教員チームとして参加しないわけにはいかないなと勝手に考えていました。

しかも、子どもたちは音楽会の翌日ファミリーＰＴＡでも演奏です。

子どもたちが２日間もがんばっているのに、教員が何もしないとかいけんでしょと益々やる気になって、校長先生にまず相談しました。校長先生は、「みんなで何かするっていいね。」と。そこで、職員会議の時提案をしました。子どもたちががんばっているんですから、先生たちも何かで演奏しましょう。もちろん、段取りは私がします。先生たちは、突然のことに何も反応がありません。校長先生は出張でいなかったので、校長先生にはもう話をしています。校長先生から言われた言葉を伝えたら、いいんじゃないということで教員チームもすることになりました。

さて、何をするかです。小学校では今月の歌といって、子どもたちは毎日歌をうたっていたので、子どもたちが知っている歌がいいなと思って選曲しました。

１年目は♪怪獣のバラード。先生たちも子どもたちが歌っているので知っています。歌はちゃんと覚えてくださいとお願いして、何人かハモる人たちは放課後練習しました。途中にダンスがあるけど簡単なのですぐわかります。当日の衣装は運動会で考えたＴシャツです。もうこれだけで教員チームがまとまってみえます。

ふれあい音楽会は、体育館の前半分が地域の方々や保育園の子どもたち、後半分が幼稚園と全校の子どもたち。ファミリーＰＴＡは、体育館すべてが

保護者たち、子どもたちは授業を受けながら順番にやって来て演奏します。つまり、教員チームは1回だけの演奏です。地域の方々から、先生たちのよかったぁ、またするよねと言われることがすごく嬉しくてまた提案。してしまったらすっかりみんなも乗り気になり、益々いろいろ企画することが楽しくなりました。校長先生は全く練習に来れなかったので、歌の最後にみんなが寄って、やぁーと手をあげるところがあるので、そこに登場して手を挙げてくださいとお願いしたらその通りにしてくれました。ありがとうございます。

2年目は♪負けないで。ダンス好きで上手な先生方に、サビの部分で、3代目J Soul Brothersの♪RYUSEIの流行のダンスを踊ってほしいとお願いしました。歌も順番にうたう段取りをしました。本番、子どもたちも大好きなダンスのステップに大いに盛りあがりました。

3年目はＳＭＡＰが解散するというので♪世界に一つだけの花です。手話の所は皆でします。歌もソロを歌うところをそれぞれ決め、当日校長先生はいないけど教頭先生は参加できるというので、トリをお願いしました。前日にやっぱり花があった方がいいと思い、持つ花をあわてて作りました。本番の教頭先生のトリに子どもたちは大はしゃぎでした。

4年目はＡＫＢ48の♪365日の紙飛行機。練習に来れない先生は、当日2番目の歌詞ぐらいから紙飛行機を作ってステージからとばしてほしいとお願いしました。手話も必死に覚え、先生たちと練習しました。子どもたちは紙飛行機を大いに喜んでいました。

5年目はちびまる子ちゃんのエンディングの曲♪おどるポンポコリン。ダンス好きな先生に踊りをお願いし、まる子ちゃん登場人物のお面を作り、当

日は先生たちにかぶってもらいました。歌詞にあわせていろんなグッズを作りました。子どもたちも曲に合わせて大盛り上がりです。

6年目、私の最後の年は忍たま乱太郎の♪勇気100％。これも登場人物のお面を作りました。ダンス隊の先生方はジャニーズの振り練習をしてねとお願いし、ダンス隊以外は体育主任を中心にラジオ体操。今まで歌う組で順番に歌っていましたが、いろいろあって私が1人で歌うことに。

こうなったらもっと好きに演出しよう、と。

プログラムの紹介があったら、その年運動会で4年生がダンスの入場に♪学園天国を使っていたのでこれだと思い、先生方には子どもたちの間にまぎれていてもらって、「Are you ready?」「イエーイ」でステージやひな段に出て来てとお願いしました。子どもたちも♪へーイヘイヘイヘイヘイに答えて一緒に大声で言ってくれました。歌もダンスも子どもたちはノリノリです。

最後の方に、なぜか校長先生と6年の先生の柔道のとりくみ。これにも、子どもたち大いにウケていました。

こうして、私のふれあい音楽会の幕はおりました。地域の方々や保護者から、今年もする？楽しみにしてるとか、保護者は何故観られんの？だから役員になったんよとか聞くと、益々はりきってしまう私です。いろんな人に支えられてとりくみができたなと感謝の気持ちでいっぱいです。ありがとうございます。

ある日の保健室　パート４

２時間め、保健室で事務仕事をしていたら、赤白帽をかぶった４年生の男の子。低学年のときは、教室でいろいろとトラブルがあって、よく保健室に来ていましたが、久しぶりの来室です。「今日はどうしたの？」「担任の先生が運動場で歌いよっていうので、階段おりていたら教頭先生に会ったんよ。歌やったら運動場じゃなくって、益美先生の保健室やろって言われて来ました。」「そうね、歌いたいんやね。今日は他に誰もいないからソファ座って歌っていいよ。」嬉しそうにソファに座り、はりきって歌っていました。

何の歌だかさっぱりわかりませんが。でも、こんなに大きな声で歌われたら仕事はできません。私も隣りにすわり、「それはアニメの歌やね。アニメと言ったら筋肉マン。」筋肉マン知らんの？じゃあ歌っていい？ということで、私も気持ちよく歌います。彼が一緒に歌おうというので、何曲か歌いました。笑顔で楽しそうです。その後も歌いまくり、２時間め終わりのチャイムが鳴りました。すると、満足したのでしょう。教室にもどるねと言って、保健室から出ていきました。

担任に事情を聞いたら、１時間めが終わっていきなり歌いはじめて、２時間めが始まっても歌い続け、やめるように言ってもさっぱりやめないので、そんなに歌うんやったら廊下に出てって言ったんだけど勝手に運動場と思いこんだんやね。教頭先生に聞いたら、授業中なのに１人赤白帽かぶって階段おりて来たので、どうしたん？って聞いたら運動場に行って歌うとか言うので、歌やったら益美先生の保健室やろって。そういうことだったんですね。彼はその日の５時間めも保健室にやって来ました。「ねぇ、また歌おう。」「１日のうち２時間も保健室で歌うってどうかな？どう思う？」「そりゃ、ちょっといけんなぁ。教室にもどるわ。」２時間めに楽しそうに歌う彼と一緒に歌った時間は、私もかなり楽しかったことは確かです。

公害・環境・そして経皮毒

看護学生の20歳前後の頃、『あぶない化粧品』という本がベストセラーになっていて、そのシリーズもほぼ全部読んだと思います。もともと化粧に興味もなくスッピンでいた私は、あぶないならしないでいいじゃないかと。合成洗剤も気になっていて、就職した頃は、無添加石けんで髪を洗い酢でリンスをしていました。経皮毒も気になるところです。だからといって、徹底的に完璧にやっているかといわれると全くそうでもなく、だけどやれるところはやっていこう、気になるところは調べてみよう、そして改善できることは改善すればいい、というぐらいです。

そのうち、石けんシャンプーというのがでてきたので、しばらくそれを使って髪を洗っていましたが、オーガニックのタオルに出会ってからは、お湯だけで洗いそのタオルで最後マッサージするというやり方にかわりました。体も毎日じゃなく、そのタオルでこするだけで、石けんは使わないで入浴していました。自分の実践を保護者の方に聞いてもらう機会をいただいたり、ほけんだよりに書いたりしました。時々、保護者が保健室を訪ねて来て、「先生、私もお湯シャンが気になって、今してるんですよ。」と話してくれます。

まだまだ環境について知りたいと思っていた頃、ずいぶん前、あれは確か2002年の1月下旬。オーガニックと出会うずっとずっと前、宮崎県で全国の研究大会に参加したとき、夜、大分メンバーで飲み会をするというので居酒屋に行きました。知らない先生もたくさんいましたが、お久しぶりの人もいたりして。地鶏を食べながら、何かしら楽しかったことは覚えています。

そのときに、「ねぇ、環境とかに興味ある。」とある先生から聞かれて、まさにもっと知りたいと思っていたので「あるある。」と答えていました。「じゃあ、

ドイツに行こう。」えっいきなりドイツ？いや、ドイツに行ったことないし。でも、かなりお酒に弱い私がちょこっと飲んでいたのもあって、勢いよくわけがわからないまま「行く行く行く。」とテンション高く言ったような気がします。しかし、ドイツのことはその場での会話で、大分に帰って日常に戻ったらすっかり忘れていました。でも、6月のある日、学校に電話があったんです。「8月、ドイツ行くよ。パスポート持ってる？」宮崎での会話は本当だったんだ。

ドイツ環境学習の旅

1月下旬、ずっとずっと前 宮崎県で全国の研究大会に参加した時、オーガニックとか出会
私は違う分科会でしたが、夜大分県組で飲み会をする
というので居酒屋に行きました。知らない先生もたくさんいましたが、お久しぶりの
人もいたりして。地鳥食べながら、何かしら楽しかったことは覚えています。その時
に、「ねえ、環境とかに興味ある」とある先生から聞かれて、まさにもっと知
りたいと思っていたので、「あるある」と答えていました。「じゃあ、ドイツに行こう」えっ
いきなりドイツって・いやドイツに行ったことないし、かなりお酒に弱い私がちょっこっと
飲んでいたので勢いよくわけがわからないまま「行く行く行く」とテンション高かっ
たような気がします。しかも、ドイツのことはその場での会話で、大分に帰って
日常に戻ったらすっかり忘れていました。でも6月のある日、学校に電話があっ
たんです。「8月ドイツ行くよ、パスポート持ってる？」宮崎での会話は本当
だったんだ。

❀ ドイツ環境学習の旅、

おわりに

最後までお読みいただき、ありがとうございます。本書は今は亡き妻、佐藤益美（2021年3月10日没、享年61歳）が生きた証として記すものです。

彼女が残した手書きの原稿を主に、手記（エッセイ）・ほけんだより・性教育実践等を内容ごとに組み合わせ・編集し作り上げた掛け替えのない一冊（書物）です。

この一つの秩序ある書物につくりあげてくれたのは故人が生前から親交をいただいたエイデル研究所・編集者の熊谷耕さんです。ここにあらためてプロとしての見識と責任感を持った彼の仕事に敬意と感謝を申し上げます。

また刊行にあたっては故人が公私ともにお付合いをいただき、長きにわたりお力添えをいただいた方々が数多くいます。特に、故人の自慢の教え子であり、良き理解者の高津仁美 様には、手弁当で一方ならずお世話をいただきました。

さらには“人間と性”教育研究協議会の関係者の皆様、彼女の笑顔の周りにいつも寄り添ってくれたかけがえのない仲間である養護教諭の皆様、彼女の大好きだった歌うことでともにハーモニーをつくっていただいた市民合唱団ウィステリアコールの皆様にもこの場をおかりして、御礼を申し上げます。ありがとうございました。

なお、この本は、養護教諭（教職者）として全身全霊で全うしたことから、教育論めいた文章になりがちになるのをなるべく抑え、刊行に際しては、彼女の体験談、実践論、そして、ハプニング？を分かりやすく、見やすく、しかも真実を書きしるすことに努めています。

本書で幅広い年齢層の皆様に「彼女の想い」を伝えられたことを嬉しく思います。お読みいただきありがとうございました。

2023年3月10日
故人の夫（相棒）佐藤豊利

思春期ってオモシロイ！
歌って踊る養護教諭の“いのちの授業”

2023年4月18日　初刷発行

著　者■佐藤 益美
発行者■大塚 孝喜
発行所■株式会社 エイデル研究所
〒102-0073　東京都千代田区九段北4-1-9
TEL. 03-3234-4641／FAX.03-3234-4644
装　丁■有限会社 ソースボックス
イラスト■佐藤 益美
本文DTP■大倉 充博
印刷・製本■中央精版印刷株式会社

Printed in Japan　ISBN978-4-87168-693-8　C3037
（定価はカバーに表示してあります）